KB237474

돈, 기술, 인맥 없이
도요타와
싸워 이기는 전략

{ 큰 회사에서는 절대 배울 수 없는 특별한 **마케팅 노하우** }

돈, 기술, 인맥 없이

도요타와 싸워 이기는 전략

쿠리모토 타다시 (栗本 唯) 지음

김미경 옮김

살림

회사에 다니다 보면, 하루에도 몇 번씩 "그냥 둘까?"라는 마음이
생기기 마련이다. 열심히 일해도 뭔가 헛일을 하는 기분이고, 그나
마 의욕적으로 하는 일이 윗사람에 의해 제지당하는 경우, "차라리
혼자 하면……" "이만큼 노력을 내 사업에 쏟아부으면 정말 잘되지
않을까?"란 생각이 든다. 그러나 "과연 혼자서 사업할 수는 있을까?
또한 나도 언젠가는 이름있는 회사를 가질 수는 있을까?"라는 의구
심이 든다. 요즘 사업 하기는 너무나 어렵다. 좀더 정확히 표현하자
면 어렵다기보다 사업하는 사람은 '비참하다'고 하는 편이 나을지
도 모르겠다.

TV의 뉴스나 신문, 잡지를 보고 있으면 매일같이 도산이니 실업
률이 높아졌다느니, 매출부진에 채무초과 등등 어두운 화제뿐이다.

이런 경기가 나쁘다는 뉴스로 인해 우울해진 기분을 씻어버리고 회사에 나오면 기다리고 있는 것은 '매출부진', '적자폭 확대', '거래처의 지불연기나 도산', '월말의 자금융통', '은행의 대출 결정 연기'와 같이 머리 아픈 일들뿐이다. TV 속에서 일어나던 일들을 현실에서 경험하는 것이다. 그렇다고 해서 은행 때문이라든지, 애초 경기가 나빠서 그렇다는 식으로 불평을 한다거나 기업 환경 탓으로만 돌리는 것이 현실 속에서 일어나고 있는 문제를 해결하지는 않는다.

같은 경영자들끼리 한잔 하면서 중얼거리듯 내뱉는 한마디는, "뭔가를 어떻게든 하긴 해야 할 텐데……" 하는 것이다.

"뭔가 돈 될 만한 장사가 없을까?"

이러면 보통은 다음과 같은 대답이 돌아온다.

"그런 게 있었음 벌써 내가 했지."

그래서 결국은 "그렇지? 어떻게든 경기가 빨리 풀려야 될 텐데……"란 푸념을 늘어놓으며 길모퉁이 선술집의 밤은 깊어만 간다.

하지만 이렇게 푸념을 늘어놓고만 있다고 해서 자신의 회사 상태가 좋아지는 일은 결코 없다. 그렇다고 즉흥적인 기분으로 여러 가지 사업이나 장사에 손을 댄다 해도 일이 쉽게 풀리는 것은 아니다.

영업능력이 있으면 뭐든 팔 수 있다고 생각하고 있는 사람도 있다. 세상에는 '○○ 세일즈'라든지 '○○ 마케팅' 같은 책이나 세미나가 넘쳐 날 정도지만, 모든 장사에 들어맞는 방법이란 것은 없다.

물론 영업 노하우는 공부해 둘 필요가 있고, 나 자신도 마니아가 아닌가 하고 자문할 정도로 이런 종류의 책을 많이 읽었었다. 나름대로 공부가 됐다고 생각하는 부분이나, 익혀둘 필요가 있는 부분도 있었다. 때문에 영업에 대해 고민하고 있다면 100권 정도의 책을 읽을 것을 추천하고자 한다. 그러나 그것만으로 모든 것이 해결된다고 얘기하고자 하는 것은 아니다.

그래도 한 가지, 확실한 해결 방법이 있다. '다른 사람이 만든 구조에 편승하는 것만으로는, 돈을 버는 것이 극히 어려운 일이다.' 즉, '대리점'이나 '하청'만으로는 죽을 때까지 도요타같이 큰 회사가 될 수 없다는 것이다.

물론 '대리점'을 해서 돈을 벌고 있는 곳도 있다. 그렇다고 해도 돈을 벌고 있는 곳은 극히 일부로, 대부분은 고전을 면치 못하고 있다. '하청'이란 것도 이전부터 결코 손쉬운 일은 아니었지만, 최근에는 점점 더 어려워지고 있는 것이 현실이다.

그럼, 어떻게 하면 '이윤이 남는 장사'를 할 수 있을까?

바로, '자사 독자 상품'을 가지고 '자사만의 판매루트'를 구축하는 것이 최고의 지름길이다.

"갑자기 그런 얘기를 하면 어떻게 해야 할지……"라며 당혹해하는 분이 많을 수도 있고, "대기업이라면 몰라도, 우리 같은 영세기업이 어떻게……"라고 처음부터 부정적으로 결론을 내리는 분도 많을 것이다.

"이전에 우리와 같은 영세 기업에서 개발한 상품을 대기업에 갖고 갔었지만 대기업은 우리를 상대도 안 해주더군. 생각처럼 그렇게 간단한 일이 아니오." 이렇게 얘기하실 분도 있을지도 모르겠다.

그러나 작은 회사이고 획기적인 기술이나 인재가 없어도, 팔릴 만한 자사 상품을 개발해서 판로를 개척해 나가는 일은 결코 어려운 일이 아니다. 물론 "내일부터 당장 시작해라"라는 식은 불가능할지도 모르겠지만 현재의 상태를 바꾸지 않으면 계속 힘들어지는 것은 뻔한 일이다.

이전의 내가 그랬다. 혼자서, 돈도 없고 기술도 없고, 업계에 연줄이나 인맥도 없는, 그런 내가 만든 회사가 최악의 상태에서 극복해 가는 체험을 기초로 나는 이 책을 썼다.

자사보다도 훨씬 큰 회사에서 "귀사의 상품을 취급하도록 해 주십시오"라고 간절히 애원해 올 때의 쾌감, 팩스로 끊임없이 주문서가 들어오는, 무어라 형용할 수 없는 기쁨을 당신도 꼭 체험해 보길 바란다. 그러면, 당신 회사도 도요타만큼 큰 회사가 될 수 있을 것이다.

차 례

1장

과연

도요타와

싸워 이길 수

있겠는가

대기업에 영업전략은 없다 | 무엇이든 팔겠다는 각오가 없으면 관둬라 | 무엇이든 돈벌이가 된다는 생각은 버려라 | 손쉽게 돈 벌 수 있다고 생각하지 마라 | 큰 회사에 빌붙어서는 성공할 수 없다 | 매출이 늘어도 경영이 어려워질 수 있다 | 물건을 팔려고 사정하지 말라 | 한밤중에도 주문이 들어오게 해라 | '자신이 제일' 이라고 믿어라

대기업에 영업전략은 없다

대기업에 독특한 영업비결이 있을까?

나는 10년간 대기업에서 근무했다. 최근엔 '대기업 불필요론' 같은 말도 많이 들리지만, 내가 학생 때는 대기업 사원이 되고 싶어하는 사람이 많이 있었다. 또한 많은 사람들이 지금도 '대기업에는 그들만의 영업비결이 있다'고 믿고 있다. 확실히 대기업이 취급하는 물건과 돈은 꽤 엄청난 것이다. 내 개인 매출의 베스트 기록은 월 3억 5000만 엔이었다. 게다가 신규개척으로 상장기업과의 거래를 끊임없이 실현시켰다.

관서지방의 어느 굴지의 대기업에 처음으로 거래를 뚫고자 갔을 때의 일이다. 전화로 방문예약을 하고 약속시간에 방문을 하면 번듯한 응접실로 안내되고 커피숍에서 배달된 주스가 테이블 위에 놓인다. 지금에야 그런 대접이 브랜드 파워 덕분이라는 것을 알고 있지만 당시의 나는 '세상이 다 그런 거지' 라고 생각했었다.

그리고 '이렇게 회사에서 일하는 것보다 내 사업을 한다면 더 많은 돈을 벌 수 있을 거야' 라는 생각에 자신 있게 독립했다. 그러나 내가 영업사원으로 대접을 받았던 것은 내 뒤에 있는 '브랜드' 때문이지, 나 때문이 아니었던 것이다. 따라서 예상과는 달리 독립한 처음에는 비참한 나날이 계속되었다.

독립 초에는 많은 사람들로부터 "저희 상품은 관서지방에서는 판로가 없으니, 꼭 판로를 넓히게끔 해 주시오"라며 제의가 왔었다. 그 중 자연소재를 컨셉으로 한 일용품을 백화점에 입점시키는 것이 나에게 주어진 첫 일거리였다. 나는 우선 물건을 선전하자는 생각으로 관서지방에 점포가 있는 모든 백화점에 전화를 했다. 그러나 결과는 아주 볼 만한 것이었다.

처음엔 방문예약조차 성사시키지 못했다. 바이어와의 전화연결까진 가능했지만 담당 바이어의 거절문구가 굉장했다. 한 백화점의 바이어는 아주 당연한 것처럼 "내년 여름까지 시간을 낼 수가 없습니다"라고 말했다.

그래도 좌절하지 않고 계속 전화를 걸고서야 가까스로 1건의 방문 예약을 할 수 있었다. "뭐, 말씀만 한 번 들어보죠"라며 생색을 내는 바이어였지만, 그래도 겨우 따낸 방문예약이었기 때문에 "감사합니다!" 하고 전화를 끊고서 프리젠테이션 자료 작성에 들어갔다.

그리고 약속 전날까지 거의 철야 작업으로 만든 자료를 들고, 당일의 약속시간에 맞춰 방문했다. 안내데스크의 전화로 "○○ 씨와 10시에 약속이 되어 있어서 지금 밑에 와 있습니다" 하고 얘길 했지만 "○○? 아, 지금 회의 중입니다. 다음에 다시 와 주십시오" 하고 뚝 끊어버리는, 믿기 어려운 반응이 돌아왔다. 누구 하나 안내데스크로 나와 보지도 않는 것이었다. '도대체 왜 이런 거지?' 라고 생각하면서, 우선 명함과 프리젠테이션 자료만이라도 건네지 않으면 안 되겠다고 생각한 나는 다른 사람이라도 나와 주었으면 하고 한번 더 데스크의 전화 버튼을 눌렀다.

조금 후 귀찮다는 듯한 얼굴을 한 남자가 나오길래 명함과 프리젠테이션 자료를 건넸다. 그는 내 명함을 보고 회사가 이름 없는 작은 회사라는 것을 확인하자마자 사뭇 깔보는 듯한 표정으로 내 얼굴을 한 번 흘끗 보고선 그대로 안쪽으로 사라졌다. 그의 얼굴에는 '흥, 너 같은 게 우리 회사에 찾아올 일은 10년이 지나도 없을 거야'라는 것이 역력했다. 나는 화가 머리끝까지 나서 그 회사를 나왔다.

그래도 냉정히 생각해 보면 그런 백화점의 대응은 당연한 건지도 모른다. 사원의 중요한 업무 중의 하나가 '거래를 뚫고자 하는 이들로부터 회사를 지키는 것'인데, 하물며 들어 본 적도 없는 무명의 회사까지 일일이 상대해서는 끝이 없기 때문이다.

모든 거래처를 신규 개척해 나가야 한다

그 후 얼마 동안은 비참함 그 자체였다. 내가 독립을 결심했던 이유는 샐러리맨 시절과는 다른 일을 하고 싶어서였다. 그래서 샐러리맨 시절의 거래처는 거래대상에서 제외시켰었고, 따라서 모든 거래처를 새로 개척하지 않으면 안 되었다.

지금에 와서 생각해 보면, 나의 독립은 무모 그 자체였다. 지금까지 거래했던 거래처에는 팔지 않겠다고 생각한 것뿐 아니라 취급해본 적도 없는 상품을 팔려 했으니 무모해도 한참 무모한 것이었다. 하지만, 일단 독립을 한 이상에는 그런 말만 하고 있을 수 없었다. 어찌 됐던 팔아야만 했으니까.

대기업만 노려도 안 된다 싶어 전화번호부를 보면서 닥치는 대로 전화를 했다. 그래도 결과는 마찬가지였다. 아니, 오히려 작은 회사가 때론 심한 태도를 보이곤 했다. "바쁠 때 전활 해대다니! 바보 아냐!"라며 호통을 치고 전화를 끊어버리는 일도 있었다.

그렇다. 모두들 갑작스럽게 물건을 사고 싶어하지는 않는다. 사업을 시작하고자 할 땐 '사람들은 물건 사기를 싫어한다'라는 점을 먼저 염두에 두지 않으면 안 된다. 그것이 내가 처음으로 얻은 교훈이었고, 나의 비즈니스는 그것을 극복해 나가는 것으로부터 시작되었다.

누구나 물건을 사는 것은 싫어한다는 것을 염두에 두어야 비즈니스가 시작된다.

무엇이든 팔겠다는 각오가 없으면 관둬라

팔리지 않는 것도 팔겠다고 각오해라

생산설비가 갖춰지지 않은 회사, 즉 '우리 회사엔 기술이 없다'라고 하는 회사의 사장이 맨 처음으로 생각하는 것 — 그것은 '영업능력 강화' 다.

나도 같은 것을 생각했다. 하물며 예전에는 자칭 '잘 나가는 대기업 사원' 이었기 때문에, 남보다 영업능력이 뒤떨어진다는 멸시는 죽기보다 괴로운 일이었다. '양반은 얼어 죽어도 곁불은 안 쬔다' 라는 말이 있듯이, 대기업의 사원은 죽어도 '팔리지 않는다' 며 한탄하고 슬퍼하는 일은 할 수 없다.

특히 독립 직후의 내게는 사업의 기본도 없고 자금이나 지명도도 없었고, 있는 것이라곤 전국에서 주문한 샘플, 카탈로그, 견적서뿐이었다. 그리고 상품을 팔아서 이익을 내기 위해서는 무조건 영업밖에 없다고 생각했다. 그렇지만 다짜고짜 전화만 한다 해서 그리 간단히 만나줄 리가 없지 않은가.

어떤 방법으로 영업을 해 나갈 것인가? 어떻게 해야 영업능력을 키울 수 있을까? 좀더 효율적인 영업방법은 없을까? 그 때부터 나는 대기업에서 근무하던 시절에는 경험해 보지 못했던 고민들을 하게 되었다.

300건의 전화로 만날 수 있는 건 1명

마침 그 무렵, 사무실에 예고 없이 한 영입사원이 OA기기를 팔러 왔었다. OA기기는 불황 속에서도 성장하고 있는 얼마 안 되는 분야 중 하나였다. OA기기 업체의 결산서를 보면 수입과 이익이 늘어난 기업이 꽤 있다. 다시 말하면 이 비즈니스는 이윤이 남는 유망산업이라 영업도 쉬울 거라 생각하기 쉽지만, 그렇게 간단하지 않은 것이 현실이다. 이야기를 들어보면 실제

영업실태는 참 비참한 것이었다. 성장산업의 상품이라 해도 결코 쉽게 팔리는 것은 아니라는 것이다.

그들은 아침에 출근하면 전화번호부를 보면서 닥치는 대로 전화를 건다고 한다. 보통의 영업사원은 200~300건 정도 전화를 해서야 1건의 방문예약을 한다고 한다. 회사 내에서 상을 몇 번이나 받을 정도의 슈퍼 영업사원이라 불리는 사람조차도 100건 중 1건의 방문예약을 하면 꽤 괜찮은 편이라는 것이다. 그러나 하루 종일 전화해서 방문예약을 따낸 곳에 간다 하더라도, 정작 계약을 성사시키는 확률은 10%에서 30% 정도라 한다.

그런 일을 매일, 아침부터 밤까지 반복한다는 것이다. 매일 알지도 못하는 곳에 계속 전화를 한다는 일은 굉장한 스트레스가 된다. 그래서 영업사원 몇 명을 고용해도 차례차례로 그만둔다는 것이다.

이것이 성장산업이라는 OA기기 대리점의 영업방법이다. 성숙상품이나 쇠퇴상품을 취급하고 있는 회사라면, 이 이상의 힘든 영업을 할 수밖에 없는 곳도 적지 않다.

강자와 약자의 차이를 익혀라

- -

대리점의 영업사원이 이렇게 어려운 영업을 하고 있는 동
안, 그것을 제조하고 있는 업체의 영업사원은 무엇을 하고 있
을까? 똑같이 전화를 걸고 있는 걸까? 대답은 "No"다.

업체의 영업은 대개가 루트 세일즈다. 하루 200건 전화영업
을 하는 대리점에 가끔 가서 수량을 협의하거나 목표 매출량을
달성하도록 압력을 넣는 것이 일이다. 즉, 업체의 영업사원은
알지도 못하는 곳에 전화를 하거나 예고도 없이 방문영업을 할
일이 없다. 그런데도 업체 영업사원의 월급은 대리점 영업사원
의 것보다 훨씬 많다고 알고 있다. 불합리하다는 생각이 안드
는 것도 아니지만, 이것이 비즈니스의 구조다.

하루 200건의 전화를 계속 하지 않으면 안 되는 영업과 루트
세일즈로 기합을 넣는 영업 ─ 이런 약자와 강자의 차이를 낳
고 있는 것은 무엇일까? 대기업과 중소기업의 차이일까? 무의
식 중에 그렇게 생각하기 쉽지만, 사실 비즈니스 구조 속에 있
는 '강자와 약자의 차이'와 '대기업과 중소기업의 차이'는 근
본적으로 다르다.

애초에 중소기업이라 해도 한 사람의 영업사원이 하루에

100건의 전화를 건다는 회사는 극히 일부에 불과하다. 제조업에서 그런 영업을 하고 있는 회사를 나는 본 적이 없다. 그래도 이윤을 남기고 있는 회사는 확실히 있다. 그것은 어떤 회사일까?

대부분의 경우, 그것은 자사 브랜드를 갖고 있는 회사다. 즉, 제조원이거나, 제조는 외부에 위탁하고 있다 할지라도 판매원을 확보하고 있는 회사인 것이다. 다시 말해서 '제조판매원' 과 '대리점' 이라는 포지션의 차이가 '하루 200건의 전화를 걸지 않으면 안 되는 영업' 과 '전혀 그럴 필요가 없는 영업' 이라는 격차를 낳는 것이다.

한줄 비법

'팔아야 한다' 는 각오 없이 되는 것은 아무 것도 없다.

무엇이든 돈벌이가 된다는 생각은 버려라

손쉽게 팔 수 있는 상품은 없다

매출이 생각대로 늘지 않는 딜레마에 빠졌을 때, 많은 경영자들은 흔히 '이 상품은 팔리지 않는군. 좀더 잘 팔리는 상품을 찾아야겠어'라고 생각하기 쉽다. 물론 이런 생각이 전혀 틀린 것은 아니지만, 도대체 어떻게 '잘 팔리는 상품'을 찾겠다는 것인가?

예를 들어, 비즈니스 잡지나 신문에서 대리점 모집광고를 보고 응모하는 사람이 있다. 전화를 해서 자료를 받아보면 어느 것 하나 안괜찮은 상품이 없고, 획기적인 상품도 많은 것 같다.

게다가 팜플렛에는 그 상품을 선택해서 성공한 사람의 체험담까지 같이 실려 있다. 그렇기 때문에 '이런 거면 나도 성공할 수 있을 거야' 하고 생각하며 그 상품을 매입하여 영업활동에 들어가게 되는 것이다.

그러나 막상 시작해 보면 생각한 대로 상황이 돌아가지를 않는다. 팜플렛을 다시 한 번 읽어 보면 '초보자라도 노력하면 고수익을 올릴 수 있습니다' 라는 문구가 눈에 띈다. 그래서 혹시 내가 하는 방식에 문제가 있는가 싶어 판매처에 상담을 하면 "하루 200건 정도의 전화영업 없인 팔릴 리가 없죠" 라는 냉랭한 대답이 돌아온다. 그렇다. 이 세상에는 손쉽게 팔 수 있는 상품 따윈 애초에 존재하지 않는 것이다.

열성적인 장사도 악덕상법이라 매도 당한다

예를 하나 소개해 보겠다.

본업이 잘 풀리지 않던 어느 도매업자가 잡지에서 정수기 대리점 모집광고를 발견하고, '이 쪽 지역은 수질이 나쁘니까 잘 팔릴지도 몰라' 라는 생각에 정수기 대리점을 하기로 했다. 이 정수기 1대의 도·소매가는 각각 12·25만 엔이고 그것을 10대 구입해야 대리점 자격을 부여받을 수 있다고 하여, 도매가로 10대 값인 120만 엔을 은행에 입금시켰더니 금방 배달되어 왔다.

우선은 3,000장의 전단지를 만들어 배포했지만 전화는 1건도 오지 않았다. 그래서 다음엔 광고대행사의 권유로 지역정보지에 20만 엔짜리 광고를 냈다. 그래도 전화는 걸려오지 않았다. 이대론 안 되겠다 싶어 광고에 관한 책을 사서 공부하기도 하고 전단지 만드는 법에 관한 세미나에 참가하기도 했다. 마침내 한 아이디어가 떠올라 다음과 같은 광고를 냈다.

건강에 좋은 물을 선착순 10분에게 무료로 증정!

그러자, 몇 건의 전화가 걸려 왔다. 야호!!! 솟아오르는 기쁜 마음을 진정시키며 폴리탱크에 정수기로 여과시킨 물을 채워서, 사장이 직접 정수기를 가지고 갔다고 한다. 방문한 집에는 할머니 혼자서 집을 지키고 있었다. 사장은 수돗물이 얼마나 인체에 나쁜지를 역설했고, 사장의 얘기를 들은 할머니는 1대 구입해 주기로 했다.

들뜬 기분으로 사무실로 돌아가 '이런 식으로 가면 꽤 팔 수 있을 거야' 하는 생각을 하고 있는데 전화벨이 울렸다. 받아 보니 그 할머니의 가족이란 사람에게서 온 전화였다.

"노인을 속여서 이런 고액의 물건을 팔고 말이야! 반품할 테니까 당장 가져가! 안 그럼 신고해 버릴 거야!"

이 사장은 사람을 속여서 정수기를 팔아보겠다 생각했던 것도 아니고, 많은 사람들이 깨끗한 물을 마셨으면 하는 순수한 마음으로 이 일을 시작했었다. 그런데도 '악덕 상법'으로 매도당하고 더군다나 애써 판 상품이 반품까지 된 것이다.

이런 일이 몇 번 있은 후, 그 사장은 정수기 대리점을 그만두었다. 이런 이야기는 세상에 얼마든지 있다.

팔기 어려우면 대리점을 모집해라

업체는 왜 대리점 모집광고를 낼까? 그것은 자신들이 팔기 어렵기 때문이다. 제조처가 영업해서 간단하게 팔릴 거라면 대리점을 모집할 이유가 없다. 대리점에 마진을 지불하기보단 자신들이 직접 파는 편이 훨씬 많은 이윤을 낼 수 있으니 말이다.

그렇다고 해서 '이 상품은 팔기 어렵습니다' 하는 식으로 광고를 내면 누구도 그 상품을 취급하려 하지 않을 테니 광고에도 팜플렛에도 절대로 그런 얘긴 쓰지 않는다. 따라서 광고나 팜플렛에는 기본적으로 좋은 얘기만 쓰여져 있을 수밖에 없다.

앞에서 얘기한 정수기의 경우에도, 그것을 매월 일정하게 팔아서 수익을 올리고 있는 대리점은 분명 많이 있을 것이다. 그러나 그런 대리점에서는 한 사람의 영업사원이 매일 몇백 건의 가정을 불시에 방문하는 식의 영업을 하고 있을 것이다. 업체가 바라고 있는 것은 그런 식의 판매대리점이다. 그것이 안 되는 곳은 '재고나 떠넘기고 끝낸다' 라는 식으로 딱 잘라 버리는 것이다.

따라서 대리점을 해서 돈을 벌어보겠다고 생각한다면 하루 100건의 전화를 거는 정도의 자세로 시작해야 한다는 점을 명심해라. 그게 안 된다면 어떤 상품을 취급해도 잘 될 리가 없다.

새로 시작하려는 당신에게 필요한 것

처음에는 모든 것을 새로 시작해야 한다. 비즈니스도 마찬가지다. 모든 거래처는 당신이 새롭게 개척해야 한다. 이런 당신에게 무엇보다 중요한 것은 '어떤 물건이든 팔아보겠다' 는 각오다. 이런 마음가짐 없이는 냉엄한 비즈니스 세계에 발을 붙일 수조차 없기 때문이다. 스스로를 강하게 다잡도록 하자. 당신의 인생은 지금부터 새롭게 출발할 것이니.

손쉽게 돈 벌 수 있다고 생각하지 마라

'프랜차이즈'로 사업을 시작하는 것도 쉽지 않다

그렇다면 프랜차이즈 가맹점의 경우는 어떨까?

프랜차이즈는 단순히 상품구입뿐 아니라 판매방법이나 노하우까지도 처음부터 지도해주기 때문에, 샐러리맨 탈피를 시도하거나 신규사업을 하고자 하는 사람에게는 시작하기 쉬운 분야라는 점에서 인기가 있다. 그러나 그렇게 간단히 성공하는 것이라면 누구도 고생하지 않을 것이다. 아무리 훌륭한 시스템처럼 보여도 어차피 '다른 사람이 만든 구조에 편승하는 것뿐'이라는 것을 명심하자.

이런 구조 속에서 가장 재미를 보고 있는 곳은 프랜차이즈 본부다. 편의점의 예를 들어보자.

어느 경영자의 얘기다. 이 사람은 오랫동안 철공소를 운영했었다. 그렇지만 오랜 기간의 불황과 수주단가의 하락으로 철공소 운영을 단념하고 공장부지에서 편의점을 하기로 했다. 규모가 큰 프랜차이즈 회사들의 설명회에 몇 번이고 찾아간 뒤, 제일 큰 규모의 회사와 가맹점 계약을 맺었다. 가맹금을 지불하고, 점포를 내고 아르바이트생을 고용해서 영업을 시작했다. 그러나 생각만큼 영업이라는 것이 그리 간단한 것은 아니었다.

우선은 손님을 끌어들이는 것이 문제였다. 당연한 얘기지만 프랜차이즈 본부가 손님을 '모으는' 방법은 가르쳐 준다 해도 실제로 손님을 '끌어오는' 것은 가맹점이다. 전단지를 뿌려보기도 했지만 생각한 대로 매출이 늘지 않았다.

상품진열이나 디스플레이도 본사가 전부 알아서 해 줬지만 그 대신 독창적인 구석은 전혀 없었다. 게다가 아무리 자기가 괜찮다고 생각한 상품이라 해도 자기 마음대로 구입해서 파는 것은 불가능했다. 구입할 상품은 전부 본사가 정해서 본사로부터 구입하고 더구나 판매가까지 결정되어 있기 때문이다.

물건을 훔쳐 가는 일도 무시못할 일이다. 국도변에 위치한 가맹점의 경우에는 폭주족들의 아지트가 되어 버리는 일도 있어서 민원이 들어오기도 한다. 일할 사람을 확보하는 것도 큰일이다. 아르바이트생이 갑자기 쉬게 되면 편의점 주인이 직접 한밤중에 우두커니 앉아 카운터를 지키지 않으면 안 되는 것이다.

그렇게까지 해서 이익이 보장된다면 좋겠지만, 사실 그것도 아니다. 근처의 다른 가게가 생기면 손님은 그 쪽으로 빠져 버리게 마련이다. 다른 프랜차이즈뿐만 아니라, 심한 경우엔 자신이 가맹하고 있는 프랜차이즈의 다른 가맹점이 근처에 생기는 경우도 있다.

이런 처사에 격분하는 사람도 있지만, 본사 입장에서는 이것이 당연한 얘기다. 매출 100을 내는 가맹점 근처에 같은 프랜차이즈 가맹점이 하나 더 생겨서 한 곳의 매출 100이 60으로 떨어져도, 두 곳의 매출을 합해서 120이 되면 본사로서는 수입이 20% 증가하는 것이니 막을 이유가 없는 것이다.

화가 나서 "이런 프랜차이즈 가맹점 따위는 그만둔다!"라고 큰소리 쳐 봐도, 본사는 무엇 하나 아쉬울 것이 없다. 자신들이 원하는 대로 따라주고, 자력으로 밤에 잠도 안 자면서 일해 줄 사람을 찾으면 그만이기 때문이다. 대신할 사람은 얼마든지 있으니 말이다.

이것은 편의점만의 얘기가 아니다. 라면점도, 패스트푸드점도, 주택도 모두 마찬가지다. 프랜차이즈는 어디까지나 '노하우 제공' 과 '장사재료나 자료구입' 을 서포트해 줄 뿐, 경영책임은 어디까지나 가맹주 자신에게 있는 것이다.

프랜차이즈 구조는 본사만이 '짭짤하다'

반대로 생각해 보면 본사에게는 이 프랜차이즈 구조라는 것이 아주 짭짤하다.

통상 상품도매업은 상품을 도매할 뿐이지만, 프랜차이즈의 경우에는 우선 가맹금이나 보증금 등의 명목으로 가맹점으로부터 돈을 받는다. 보증금을 받고 도매하는 것이기 때문에 회수가 불가능한 채권이 발생할 확률도 지극히 낮아지게 되어 있다. 물론 상품도매로 이윤도 얻는다. 통상의 상품도매처럼 값을 깎인다거나 하는 일도 그리 없는 듯하다. 게다가 전산유지비등의 명목으로 거두는 정기적인 수입도 있다. 즉, 프랜차이즈 본사는 지극히 작은 리스크로 자사 상품이나 서비스의 판매를 넓힐 수 있는 채널을 가질 수 있다는 것이다.

그러니 일단 구조만 만들어 버리면 이것만큼 짭짤한 상품이 없다. 규모가 큰 편의점 본사라든지, 프랜차이즈를 전개하고 있는 외식체인이나 중고차 판매회사들 중에서 고수익을 올리고 있는 기업이 많은 것은 이런 이유에서다. 현재의 이런 불황 속에서도 프랜차이즈 비즈니스는 매년 성장하고 있다고 하나, 성장하고 있는 것은 본사지 가맹점이 아닌 것이다.

물론 친절하게 지도해 주는 프랜차이즈 본사도 많이 있지만, 기본적으로 다른 사람이 만든 구조에 편승한다는 것은 그만큼 리스크가 높은 결정이라는 것을 명심하라.

한줄비법

기존의 판매구조에 합류하는 것은 위험부담이 크다는 것을 기억하라.

큰 회사에 빌붙어서는 성공할 수 없다

안전한 방법이 오히려 치명적이다

대기업의 수주를 딴다는 것 — 적어도 지금까지는 작은 회사들이 살아가기 위해서는 그것이 가장 안전하면서 견실한 방법이었다. 한 번 관계를 맺으면 큰 금액의 주문을 받을 수 있고, 외상 매출금 회수도 확실하다는 것 등 장점은 많이 있었다. 자기 힘으로 판로개척이 어려운 경우, 부품이나 가공을 중심으로 하는 제조업의 경우나 특히 건설업의 경영자들은 대기업과의 연계를 탄탄히 하는 것에 심혈을 기울여 왔다. 그 중에는 대기업 한두 곳이 자사 매출의 대부분을 차지하는 회사도 적지 않았다.

지금까지 일본경제가 상승하던 시대에는 모회사의 성장과 함께 중소기업의 매출도 신장해 왔다. 그러니 중소기업이 대기업 산하에 들어가는 것은 경영을 안정화시키는 제일의 비결이었던 것이다.

그러나 최근 들어 이것이 치명상이 되는 기업이 속출하고 있다. 대기업이 너무나 쉽게 무너지고, 무너지진 않는다 하더라도 다액의 채무나 불량채권을 가지고 있어서 힘들어 하는 곳이 늘어나고 있는 것이다. 이렇게 자신이 힘들어지면 대기업에서 제일 먼저 하는 것 ― 그것은 '약자 이지메' 다.

치사하기는 독립해도 마찬가지다

어느 플라스틱 물품을 만드는 회사 사장에게서 들은 얘기다. 그 회사는 어느 정도 규모가 있는 대기업 상품의 부품을 만들고 있는데, 최근에 그 기업에서 비용을 절감하라는 압박이 심해지기 시작했다. 특히 그 기업이 적자결산을 내서 주가가 급락하고서부터는 연일 터무니 없는 요구를 해 왔다.

그래도 모회사이므로 어떻게든 거래를 확보하기 위해, 전혀 도움은 안 되지만 모회사에서 보낸 사람이라는 이유로 높은 월급을 주면서까지 받아주기도 했다. 그런 억지를 다 받아주고, 요구하는 대로 적자를 면할까 말까 하는 정도의 가격에 심야까지 잔업도 해 가면서 일을 처리해 왔다. 그런데도 비용을 절감하라는 요구는 끊이질 않았다. 끝내 사장은, "이 이상은 무리입니다"하고, 울면서 매달리기까지 했다.

그러자 모회사 측에서는 "아직 비용을 더 낮출 수 있을 겁니다"라며 그 때부터 회사의 모든 일에 개입했다. 제일 먼저 "얼마에 원료를 구입하고 있죠?"하며 원료 구입가를 묻는 것부터 시작되었다.

플라스틱 업계에 몸담고 있는 분이라면 아시겠지만, 이것은 회사의 최고 기밀이라 할 수 있는 부분이다. 얼마나 좋은 질의 재료를 싸게 구입하는가 또는, 싼 원료를 구입해서 얼마나 잘 가공하는가 하는 것에서 그 회사의 수완을 엿볼 수 있기 때문이다. 그런데 모회사가 이것을 관리하기 시작한다면, 지금까지 창의력을 발휘해서 힘든 여건 속에서도 어떻게든 끌어냈던 이익이 날아가버리고 완전히 적자로 돌아서는 일은 불 보듯 뻔한 일이다.

그럼에도 불구하고 모회사 측에서는 "우리가 지급할까요?", "이 업체의 이 재료를 쓰면 더 싸질 겁니다"라며 끈질기게 압력을

행사했다. 물론, 그렇게 해서 달성되는 비용 절감은 전부 모회사의 이익이 되니, 가공업자에게는 전혀 도움이 되지 않는 일이다.

게다가 "정사원이 많은 거 아닙니까? 비정규사원으로 바꾸면 인건비를 더 줄일 수 있을 텐데"하는 은근한 압력을 넣기도 했다. 그러나 사장 입장에서는 지금까지 오랜 기간 열심히 일해준 직원을 해고해서 비정규직으로 바꿀 수는 없었다. 심지어 모회사가 마지막에는, "사장 월급이 너무 많은 거 아닙니까? 좀 줄여도 충분히 생활할 수 있을 겁니다"라고까지 말해 왔다고 한다.

회사경영에는 리스크가 따른다. 평범한 샐러리맨 정도의 월급으론 어떻게 해 나갈 수 없는 것이 경영이다. 그런 실태도 모르고 '하청회사 사장 신분으로 모회사 평사원보다 월급이 많다니 그냥 봐 줄 수 없군' 하는 듯한 개입 때문에, "정말이지 해도해도 너무 하시는군요!" 하며 목소리를 높이게 됐다고 한다.

남의 일 해주는 입장에서 탈피하는 길

예의 큰 업체 자재담당이라는 사람들이 보통 하는 일은 오후

5시 정시에 사무실에서 사라지고, 유급 휴가를 꼬박꼬박 써 먹는 것들이다. 그러나 그 여파는 하청업체로 돌아가서, 하청업체 사장은 심야까지 잔업을 하는 나날을 보낸다. 그것뿐이라면 몰라도, 얘기 듣기로 모회사 사업부장이라는 사람은 접대라는 명목으로 평일에 빈번히 골프 치러 가는 것 같기도 하다. 작은 회사라는 이유만으로 그런 사람들에게 "비용 절감, 코스트 다운"이라는 협박을 당하고 있는 것이다.

하지만 중소기업이라고 그렇게까지 대기업에 멸사봉공해야 할 이유가 어디에 있는가? 정말 다른 살 길은 없는 것일까?

있다!

우선 '하청에서 탈출하는 것' 부터 시작하자. 그러기 위한 첫 발 — 그것은 자사상품을 만들고, 스스로 판로를 개척하는 것이다. 이것 외에는 길이 없다.

비법

'하청업체'를 벗어나야 당신의 이익을 남길 수 있다.

매출이 늘어도 경영이 어려워질 수 있다

매출이 늘수록 자금 부족의 리스크는 커진다

상품이 팔리면 매출이 부쩍 늘어난다. 매출이 늘어나서 매출 목표를 달성, 상회할 때만큼 기쁜 일도 없다. 대기업의 샐러리맨이라면 그래도 괜찮은 편이다. 죽도록 매일 밤 늦게까지 잔업이라도 해서 매출이 늘면 사내에서도 평가 받으니까.

내 경우에는, 독립하고서도 이와 같은 생각으로 '무조건 매출을 늘리자' 는 생각으로 죽도록 일해 왔다. 다행히 매출은 늘어갔다. 그런데, 월말이 다가와 지불할 금액을 점검했을 땐 오싹했다. 자금이 부족했기 때문이었다. 매출이 늘면 늘수록 자금융통은 어려워진다는 딜레마에 빠져버리고 말았던 것이다.

일반적으로, 외상매출금이 외상매입금보다 빨리 들어오는 일은 그다지 없다. 될 수 있는 한 자금의 부담이 없도록 노력해도 외상매출금을 기일까지 반드시 100% 회수할 수 있다는 보장은 어디에도 없는 것이다. 오히려 미회수금이 반드시 발생한다고 생각해 둘 필요가 있다.

예를 들어 외상매출금의 회수가 다음달 말, 구입비 지불도 마찬가지로 다음달 말이라고 하자. 이번 달 당신 회사의 구입 금액은 800만 엔, 그리고 매출은 1,000만 엔이다. 그러면 장부상의 단순이익은 200만 엔이다. 경비가 150만 엔이라 하면 다음달의 통장잔고는 전달보다도 50만 엔이 늘어나 있어야 한다. 확실히 외상매출금이 다음달 말일까지 완전히 들어온다면 그렇게 된다.

그렇지만 중소기업들과 거래를 하다 보면 지불일이 디 돼서 다음과 같은 전화가 걸려오는 일이 자주 있다.

"실은 이번 달 사정이 어렵습니다. 지불을 조금 기다려 주실 순 없을까요?"

그래도 전화해 주는 곳은 양심적인 편이다. 들어올 날짜에 돈이 안들어와 전화를 해 보면 "아, 깜빡했습니다"하는 경우도 있다. 사실은 잊고 있었던 것이 아니고 지불할 돈이 없는 것이다. 지불일이 가까워지면 갑자기 품질을 이유로 클레임을 걸어오고 지불을 꺼리는 곳도 있다. 이런 일이 빈번한지라 원래는 1,000만 엔을 회수해야 하지만 800만 엔 밖에 회수할 수 없는 식이 되곤 한다.

이러니 통장잔고에서 50만 엔의 돈이 늘어나기는 커녕 150만 엔이 부족해지는 사태가 발생하는 것이다.

저원가율의 수혜를 입어야 한다

어떻게 하면 이런 사태를 피할 수 있을까?

방법은 여러 가지 있을 수 있지만, 가장 먼저 할 일은 구입비를 싸게 하거나, 판매가를 올려서 이익률을 올리는 것이다.

앞의 사례로 설명하자면, 매출을 1,000만 엔으로 하기 위해서 상품구입 금액을 600만 엔으로 줄이면 문제는 해결된다. 매출을 올리면 올릴수록 경영이 어려워지는 최대의 이유는 이익률이 낮다는 것에 있다. 하지만 설사 그렇다 해도, 이익률을 높인다는 것은 간단한 일이 아니다.

전 산업에서 제품원가율의 평균은 정가의 25% 이하로 알려져 있다. 물론 이보다 원가율이 낮은 상품은 얼마든지 있다. 그러나 저원가의 수혜를 입을 수 있는 것은 오직 한 곳, 총판뿐이다. 팔아도 팔아도 이익이 남지 않는다는 고민에서 벗어날 수 있는 제일 빠른 길은, 역시 자기 회사 브랜드가 붙여진 상품을 만들어 판매해 나가는 것이다.

비법

많은 이익을 얻으려면 자신만의 브랜드를 만들어야 한다.

물건을 팔려고 사정하지 말라

톱 클래스 세일즈맨의 영업방법을 배워라

내가 대학을 나와 처음으로 일한 곳은 1년 매상이 5,000억 엔 정도 되는 대기업이었고, 그곳에서 10년을 일한 후 이직을 했던 곳은 한 외국계 철강회사였다.

그 회사에 있을 때, 나는 소위 '영업사원다운 영업사원' 이었다. 매일 활기차게 사무실로 뛰쳐나가는 내 모습을 보고 몇 개의 기업을 전전해 온 한 파견사원에게 "이 사무실에서 가장 영업사원다운 영업사원" 이란 말을 들은 적도 있다. 그러나 정작 최고의 실적을 올리고 있던 사람들의 영업방법은 나의 그것과 매우 다른, 놀라운 것이었다.

회사이익에 가장 공헌하고 있는 팀의 담당자는 그다지 외근을 하지 않았다. 그는 '주거래처 사람을 사무실로 불러서' 상담을 하고 있었다. 불려오는 건 대리점 사람들이다. 얘기내용을 언뜻 들어보면 어떤 때는 대리점 담당자에게 협박을 하는 듯한 말을 하고 있었다. 주거래처의 임원을 먼 곳에서 불러 놓고선 가격을 올리겠다는 통고를 하고 있는 경우조차도 있었다. 그렇게 해도 상대방이 받아들일 수밖에 없는, 그런 분위기를 만들고 있었던 것이었다.

나는 그런 모습을 보면서 '지금은 상품이 히트를 치고 있으니까 저런 방법도 통하는 거지. 계속 저러다간 분명히 외면당할 거야' 라고 생각했었다. 그러나 좀처럼 그런 기미는 보이지 않았다.

그는 맨 꼭대기에 서서 특징 있는 상품을 파는 시스템을 만들어 내는 것만으로, 주도권을 쥐고 거래하는 것을 실현시키고 있었던 것이다.

잘 팔리는 상품을 '쫓지' 말고 잘 팔리는 상품을 '만들어라'

생각해 보면 내가 몸담고 있었던 철강업계에서도 본사와 대리점 사이에는 하늘과 땅 같은 냉엄한 차이가 존재했었다.

철강업계는 사양산업의 대명사처럼 불려지는 업계다. 아마 여러분은 철강업체가 영업 면에서 매우 고생하고 있을 것이라 생각할지도 모르겠다. 영업자가 여기저기를 다니며 제발 거래해 달라고 사정하거나, 하루에 수십 통의 전화를 하며 발을 동동 구를 것이라고 말이다.

그러나 팔리든 안 팔리든 철강업체의 영업담당자는 고객에게 가서 머리를 조아리는 영업은 절대 하지 않는다. 그들은 언제나 고객에게 '사주십시오'라고 애원하는 방법 대신, "우리 물건을 사도록 허락하지'라는 마인드로 영업을 한다. 일견 오만해보이는 이런 태도로도 그들은 충분한 이익을 내고 있다. "고객을 최우선으로"라는 영업의 기본 원칙과는 정반대되는 이같은 태도에도 불구하고 그들의 영업에는 전혀 문제가 없다.

철강뿐만 아니라 많은 업체의 영업이 그런 식이다. 이 같은 태도에도 불구하고 어떻게 상품이 팔리는 걸까? 대답은 간단하다. 그것은 죽을 힘을 다해 팔고 있는 대리점 덕분이다. 그렇기 때문에 유명기업의 이름을 얻어 장사하고 있으면 돈을 벌기는 커녕 반대로 이익을 갈취당해 스트레스만 쌓여갈 뿐이다.

이런 딜레마에서 빠져 나오기 위해서는 발상을 거꾸로 할 필요가 있다. 유명기업이나 잘 팔리는 상품을 쫓을 것이 아니라, 내가 유명기업이 돼서 잘 팔리는 상품을 만들겠다는 생각을 하지 않으면 안 되는 것이다. 다른 기업의 하청으로 물건을 판다면 언제나 다른 사람의 수익을 위해 열심히 노력하는 꼴이 된다. 그러나 좋은 물건, 잘 팔리는 물건을 가지고 있다면, 모두들 자기가 그 물건을 살 수 있게 해달라고 애원할 것이다. 잘 팔리는 물건 하나만 있다면 "제발 사 주십시오"라는 말을 하는 것이 아니라 "제발 저한테 팔아 주십시오"라는 말을 듣는 것도 어려운 일이 아니다.

결국 영업은 '마인드'의 문제가 아니라 '어떤 물건을 가지고 있느냐'에서 나오는 것이다.

성공 비법

잘 팔리는 상품을 만드는 것이 영업의 첫걸음이다.

한밤중에도 주문이 들어오게 해라

독립 초기에 여러 상품을 구입해서 팔러 다니고 있었을 때였다. 나는 상품을 제조한 곳에서 받은 카탈로그에 자사연락처를 써 놓은 스티커를 붙여서 배포하고 다녔는데, 좀처럼 주문이 들어올 기미가 보이질 않았다.

그런데, 어느 날 본사와 전화로 얘기하고 있는데 "요즘 오사카에서 문의가 많다"고 하는 것이다. 자세히 물어보니 문의해왔다는 곳들은 전부 내가 영업차 방문했던 곳들이었다.

생각해 보면 당연한 얘기다. 고객은 무명의 영세기업에서 일부러 제품을 구입할 필요가 없다. 들어 본 적도 없는 중간업체는 제쳐두고 직접 업체에서 구입하면 싸지는 것 아닐까, 또는 그 밖에 더 싸게 살 수 있는 곳은 없을까 하는 것이 일반적인 생각이 아니겠는가? 그러니, 내가 아무리 열심히 카탈로그를 돌리며 제품 홍보를 해도 이익은 내가 아닌 물건 제조회사, 즉 본사로만 가는 것이다.

개인고객이든 회사고객이든 매한가지다. 물건을 사는 사람들은 조금이라도 더 싸게 사려고 노력한다. 실제로 나부터도 신문광고를 보고 괜찮다고 생각한 물건을 사려 할 땐 인터넷에서 더 싸게 팔고 있는 곳을 찾는다. 싼 가격에 대한 정보는 도처에 널려 있고, 고객은 점점 더 현명해지고 있다. 아무리 열심히 홍보해도 남의 물건인 이상 나에게 이득이 오는 것이 아니다. 그러니 중간에 껴서 물건을 팔고 사는 장사는 아무리 생각해도 수지가 맞지 않는다는 것이다.

나만의 제품을 팔아야 한다

이 같은 딜레마를 끊어 버리기 위한 가장 좋은 방법은 자사상

품을 만드는 것이다. 지금까지 대리점이나 하청을 하고 있던 회사가 느닷없이 '자사상품을 만든다'고 하면 누구나 처음에는 어리둥절해 할 것이다. 그러나 조금만 머리를 짜면 가능하다.

만일 당신이 제조업계 사람이라면 지금까지 자사에서 시험적으로 만들었어도 팔기에는 부족한 듯해서 그대로 방치해 둔 상품이나, 팔아 보긴 했지만 잘 안팔려서 창고에 넣어두고 있는 상품이 없는지를 잘 생각해 보자.

제조업계가 아니라면 자신의 인맥 중에서 제조업계에 종사하는 사람을 떠올려 보자. 한두 사람은 꼭 있을 것이다. 그런 사람을 찾아가 보자. 그러면 상당한 비율로, 과거에 시험적으로 만들었거나 판매는 했었지만 지금은 잠들어 있는 상품과 만날 수 있을 것이다. 물론 결함이 있어서 팔 수 없는 물건은 예외지만, 단순히 판로문제로 창고에 들어가 있는 물건들이 꽤 있을 것이다. 그런 물건 중에서 자사에서 팔 수 있을 것 같은 상품을 찾아서 '저희 회사를 총판매원으로 해 달라'는 교섭을 하는 것이다.

잘 팔리는 상품이라면 상대방도 선뜻 오케이할 리 없지만 창고에 들어가 있는 상품의 경우라면 자신들로서도 팔 수 없는 물건을 팔아주겠다는 것이니까 흔쾌히 협력해 줄 것이다.

매출을 높이기 위한 최고의 지름길

　내 경우는, 업종교류회에서 알게 된 사람이 개발한 에너지 절약형 상품의 판매원이 되는 것으로 길을 열었다. 모 상장 기업이 손을 댔었지만 전혀 안 팔려서 창고에 넣어두었다는 상품이었는데, 이 상품의 영업을 하면서 내 인생은 180도 바뀌었다.

　성냥갑 정도의 작은 광고를 내는 것만으로 전국에서 문의 전화가 빗발쳐서 눈깜짝할 사이에 판로를 개척했다. 정신을 차려 보니 반 년 만에 개척한 거래처는 68개에 이르렀다. 단 혼자서 이만큼의 거래처를 개척할 수 있었던 것이다.

　자사상품을 가지면 알게 되겠지만 조금만 궁리하면 지금까지 험난했던 길이 거짓말처럼 풀리기 시작한다. 대리점과 판매원에는 그 정도의 차이가 있는 것이다. 잘 팔리는 타사상품을 애써 팔 바에는 조금 시간이 걸려도 오리지널 자사상품을 찾을 것을 권하고 싶다. 그것이 매출증진을 위한 최고의 지름길이기 때문이다.

비법

자신만의 상품을 갖는 것이 당신의 꿈을 현실로 만들어준다.

'자신이 제일'이라고 믿어라

도요타도 처음에는 작은 회사였다

중소기업, 영세기업, 자영업…… 이런 말을 듣고 여러분은 어떤 이미지가 떠오르는가? 뭔가 작은 기업, 고전을 면치 못하는 이런 느낌이 들지는 않는가? 중소기업이라 하면 대기업에 비해 약자라든지, 뒤떨어진다는 이미지를 갖고 있진 않은가? 매스컴의 보도를 보고 있어도 '경기 대책을 위해서 중소기업을 위한 지원에 힘쓰자' 따위의 주장이 눈에 띈다. 즉, 중소기업은 완전히 약자라고 미리부터 정해놓고 있는 것이다.

확실히 중소기업은 약자다. 자금도 넉넉하지 않다. 인재도 부족하고, 인건비에 돈을 들일 수 없기 때문에 사원도 적으며, 대기업처럼 초일류대학을 나온 사람이 취직시험을 보러 오는 일도 없다. 연구개발비도 적고, 광고 선전비에도 과감히 투자할 수 없다. 어느 면을 봐도 '없다'라는 얘기뿐이다. 이런 것들 때문에 '나한텐 없는 것뿐이다'라는 콤플렉스가 생겨서 대기업에 비굴해지기 쉬운 것이다.

그러나 지금에야 세계적 대기업이 되어 있는 회사도 처음에는 시골의 작은 공장이거나, 변두리의 개인 상점이었다. 어느 곳이나 그렇다. 국영기업이 아닌 다음에야 처음부터 대기업이었다는 회사는 이 세상에는 한 곳도 없다.

물론, 작은 마을 공장에서 시작하여 큰 회사가 된 곳의 창업자는 굉장한 사람이다. 그러나 시간이 지나고 2대, 3대째가 되면 사실 별 거 아닌 사람이 아주 많다.

종업원 3만의 대기업이라고 하면 왠지 굉장할 것 같지만 그들 중 누구 하나 회사 통장잔고나 자금융통표를 보면서 속이 쓰라리는 경험을 한 사람은 없다. 대기업의 고용사장 따위는 다음 달 월말을 어떻게 넘길까 하고 밤에 잠도 못자고 고민한 경험 같은 건 한 번도 없는 것이다. 하물며 그 밑의 부장이나 과장, 평사원들이야 어떻겠는가? 무사태평일 것이다. 자신이 해

고당하는 일에는 공포를 느껴도, 회사의 앞날에는 아무런 책임도 느끼지 않는 사람이 대부분이다.

그런 사람들보다 중소기업 경영자들이 떨어진다고 생각하는가? 천만의 말씀이다. 이러한 격동의 시대에 작더라도 뭔가 회사를 경영하고 있는 사람 쪽이 훨씬 더 '굉장' 하다. 그러니까, 당당하게 가슴을 펴자.

자사를 중소, 영세라 부르는 것을 그만 두자

콤플렉스를 털어버리고 세상으로부터 인정받고 존경받으며, 수익을 향상시키기 위해 맨 먼저 할 일은 무엇일까?

그것은 자사를 '중소기업' '영세기업' 따위의 말로 표현하는 것을 그만 두는 일이다. 혹, 당신 회사가 새로운 일에 적극적으로 도전할 기개를 갖고 있다면 지금 당장 '벤처기업' 이라고 말하자. 벤처기업이라니 왠지 쑥스럽다는 생각이 드는가? 전혀 그렇지 않다. 세상 벤처기업의 대부분은 홈페이지 디자인이 조금 멋있을 뿐이지, 이렇다 할 매출을 올리고 있진 않다.

내가 알고 있는 어느 인터넷 벤처기업은, 투자자로부터 1억 엔이 넘는 투자금을 받고 화려하게 데뷔했지만, 영업개시 1년 후의 월차 매출이 30만 엔에 불과했다. 그래도 홈페이지에다가는 "2003년에 주식공개를 목표로 하고 있습니다"라고, 부끄러운 줄도 모르고 당당하게 써놓고 있다. 그런 회사보다도 당신 회사가 훨씬 앞서가고 있을 것이다. 그러니 당당하게 당신의 회사를 '벤처기업'이라 부르자.

사업내용이나 실태는 마찬가지라도 상담하는 장소에서 "저희는 작은 중소기업이라서⋯⋯"하며 나약한 영업을 하는 것과, "저희는 벤처기업입니다"하고 당당하게 가슴을 펴고 얘기할 때 상대에게 주는 인상은 확연히 다르다.

대기업 담당자도 "중소기업입니다"라고 말하면 어딘가 모르게 낮게 보곤 하지만, "벤처기업 오너입니다"라고 하면 조금은 존경의 눈빛으로 봐 준다. '명칭이야 뭐⋯⋯'라며 절대 가벼이 여기지 말라. 이것은 나도 체험한 적이 있는 엄연한 사실이다.

이와는 달리 "우리는 선대 때부터의 전통을 지켜나간다"며 열심인 분이라면 '시니세(대대로 내려온 신용 있는) 명문기업'이라 칭하길 권한다.

아무리 규모가 작아도, 창업 100년의 교토의 유명 화과자

점을 우습게 보는 사람은 없을 것이다. 이것은 유명 화과자점만의 얘기가 아니다. '전통과 신용이 있는 회사' 라는 것은 창업한 지 얼마 되지 않는 회사로서는 굉장히 부러워 하는 점이다. 업계에서 역사가 긴 회사는 더욱 그것에 긍지를 가지도록 하자.

역사 깊은 회사라도 그것을 전면에 내세우는 곳은 의외로 적다. 그렇다고 몇 백년 간 이어져 오고 있다고 할 필요는 없다. 예를 들어 '창업 1978년, 이 고장에서 사랑 받아 25주년' 이라고 명함에 넣는 것만으로 인상은 확 달라지는 것이다. 그만큼 오랜 기간 영업을 해 왔다는 사실 자체가 신용으로 연결되는 것이기 때문이다.

기억하라. 중소기업은 절대 약자가 아니다.

'자신이 제일' 이라 굳게 믿는다

자기 스스로 약자라 생각하기 때문에 약자가 되어버리는 것이다. 어떤 회사도 어떻게 하느냐에 따라, 얼마든지 성장할 수 있는 무한의 가능성을 갖고 있다. 중요한 것은 경영자의 마음가짐이다. 그러므로 항상 '자신이 제일이다'라고 자기 자신에게 암시를 걸자. 가장 중요한 것은 잔재주나 방법이 아니라 이같은 '경영자의 마음가짐'인 것이다.

지금 당장 펜을 들고 다음의 말들을 종이에 써 보라.

'더 이상 대기업의 하청을 따기 위해 머리를 조아리는 일 따위는 안 한다!'

'얼마 되지 않는 이익을 얻기 위해 다른 사람의 물건을 파는 일은 그만 두겠다!'

'내 중심으로 세상이 돌게 하겠다!'

이 세상 마지막 승자는 천동설, 다시 말해서 자신을 중심으로 하여 사람들이 돌고 있다고 믿고 있는 사람이다. 다른 사람 주위를 뱅뱅 도는 지동설 신봉자에게 승리가 찾아오는 일은 절대 없다.

한줄비법

'내가 최고다'라는 마음가짐이 당신을 성공시킨다는 것을 명심하라.

2장

어떤 마케팅 전략을 가져야

도요타만큼

많이 파는가

가격을 비싸게 붙여라 | 최고의 상품을 최고의 가격에 팔아라 | 비싸게 팔려면 포장에 신경써라 | '돈 되는' 상품이라는 믿음을 줘라 | 구체적인 실적을 제시해라 | 인증서로 고객의 불안을 제거해라

가격을 비싸게 붙여라

가격을 너무 싸게 책정하지 마라

상품을 판매할 때 가장 고민하는 것이 가격책정이다. 많은 회사가 여기에서 실패하기 쉽다. 왜냐하면 영업현장에 가까운 사람일수록 '비싸면 안 팔린다'는 생각을 갖고 있기 때문이다.

그래서 큰 회사는 방대한 비용을 들여 사전조사를 하고, 작은 회사는 사이 좋은 거래처에 '얼마 정도면 팔릴까?' 하고 묻기도 한다. 그러면 거의 대부분의 경우 처음에 상정해 뒀던 가격보다도 싼 가격을 부른다. 그 시점에서 다시 한 번 원가계산을 하고 비용을 내리는 방법을 고안해서 적자를 겨우 모면할 정도의 가격으로 시장에 신상품으로서 투입하게 되는 것이다.

그러나 이렇게 가격을 최저로 책정하면, 나중에 후회하게 되는 경우가 아주 많다.

파는 데도 돈이 든다

어떤 회사가 중국에서 가공식품을 수입해서 파는 비즈니스를 시작했다. 중국제이므로 수입원가는 아주 싸게 할 수 있었고, 그것을 싼 가격으로 소비자에게 직판하려고 하였다. 즉, '이렇게 싸면 당연히 팔릴 것이다'라고 예상했던 것이다.

그 회사는 그 때까지 법인상대의 도매업을 했다. 그러다 '중간 유통업체가 없으면 더욱 많은 이익을 남기지 않을까' 하는 생각에, 상품을 갑자기 소비자 상대의 통신판매로 직접 팔고자 했었다. 그러나 지금까지 도매만 하던 회사가 갑자기 통신판매로 팔려고 하다니, 일을 너무 쉽게 생각했던 것이다. 당연하지만, 그렇게 팔릴 리가 없다. 홈페이지를 만들어 몇 개 정도의 사이트에 링크시키는 정도로 접속이 늘어나 주문이 쇄도할 리가 없지 않은가. 즉, 유통마진을 줄인다고 판매이윤이 생기는 것은 당연히 아니라는 것이다.

여기서 나는 두 가지 해결책을 제시할 수 있다. 하나는 인터넷으로 물건을 팔려면 광고, 홍보가 필요하므로 인터넷 광고가 필요하다는 것, 또 하나는 종래의 도매 루트로 파는 방식이다. 이 과정에서 가격이라는, 또 하나의 큰 문제가 발생한다.

가격에서 승부해야 한다고 생각해 적자를 겨우 모면할 정도의 정가를 설정했기 때문에, 판촉예산이 빠지지 않았던 것이다. 아무리 효율을 좋게 하려고 노력해도 광고선전비에는 그 나름대로의 돈이 든다. 또한 요즘 같은 시대에 광고홍보비 없이 물건을 팔아 돈을 번다는 것은 생각할 수 없는 일이다.

그런데 상품이 적자를 겨우 모면할 정도의 낮은 가격으로 책정되어 있다는 것을, 처음 예상과 계획보다 조금이라도 경비를 더 쓰게 되면 적자가 되어버린다는 뜻이기도 하다. 이는 도매의 경우도 마찬가지였다. 직판으로 적자모면 정도의 이익밖에 나오지 않는 가격책정을 해 버렸기 때문에, 도매를 하는 경우에는 직판점에서 낼 이익이 없다.

게다가 식품에는 유통기한이라는 것이 있다. 마침내 그 회사는 처음 발주한 재고가 대량으로 남은 채 유통기한이 얼마

남지 않아, 결국은 직판점에서 대적자의 바겐세일로 마구 팔아
주기를 부탁할 수밖에 없는 사태에까지 이르게 되었다.

비싼 것일수록 팔기 쉽다

파는 데도 여러 가지 명목의 경비가 든다. 판매방법에 있어
서도 처음 계획과는 다른 방법을 취하지 않으면 안 되는 경우
가 생긴다. 그럴 때, 처음에 적자를 겨우 모면할 정도의 가격을
정하면 나중에 수정할 방법이 없다는 것이다. 어쨌든 판매가격
은 '가능한 한 정가를 높게' 해 두는 것이 좋다.

예를 들어, 원가가 1,000엔인 상품이 있다고 하고 이 상품
이 어느 정도 팔기 쉬운가를 가격책정 변경을 통해서 생각해
보자.

A안은 정가가 2,000엔으로, 판매점으로 나가는 도매가격이
정가의 70%로 해서 1,400엔이고, B안은 정가가 3,000엔으로,
판매점으로의 도매가격이 정가 50% 해서 1,500엔이라 하자. A
안과 B안 중에서 어느 쪽이 팔기 쉽다고 생각하는가? 대부분의
판매점은 A안보다 이윤이 많은 B안에 흥미를 보인다. 정가가

당신에게는 뭔가 특별한 것이 있다

MIND TIP

당신이 가지고 있는 경험과 지식에는 남이 가지고 있지 않은 무엇인가가 있다. 가만히 살펴보면 사람들은 모든 가치를 외부에서 찾는 경우가 많다. 돈 버는 방법, 비법이 어디인가 숨어 있지 않을까 하고 말이다. 그러나, 당신은 세상에서 오로지 하나밖에 없는 경험과 지식을 가지고 있다. 그것을 어떻게 포장하고 브랜드화하느냐에 따라 큰 차이가 있을 수 있다. 중요한 것은 본인이 가진 것들이 가치 있다고 생각하고 그것을 상품으로 키워나갈 수 있는 자신감을 갖는 것이다. 어디인가 분명히 돈이 될만한 요소가 있다고 생각하는 것 — 여기서부터 돈 버는 전략은 시작된다.

높으면 팔기 어려운 것처럼 생각하겠지만, B안은 판매점이 취하는 이윤이 많기 때문에 열심히 팔고자 할 것이다.

대리점이나 판매점이 구입할 때 신경을 쓰는 것은 '본인들이 남길 수 있는 마진이 얼마나 되는 것인가' 라고 하는 것이다. 적자를 겨우 모면할 징도의 가격설정을 해서 마진이 얼미 남지 않는 상품은 누구도 취급해 주지 않는다. 반대로 자신들에게 남는 금액이 높으면, 그것만으로 반응을 보이는 판매점이나 대리점이 얼마든지 있다.

이런 얘기를 하면 많은 사람으로부터 다음과 같은 반론이 돌아온다. "그래도 물건이 그 나름의 가치가 있는데 무조건 비싸게 해도 되나? 이 상품은 아무리 봐도 정가 2,000엔이 한계야. 정가 3,000엔이라니 너무 비싸"하고 말이다.

기분은 이해한다. 그러나 정작 물건을 사는 사람이, 파는 사람이 생각하는 것처럼 상품의 '가치'를 아는 경우는 그다지 많지 않다. 파는 사람이 일방적으로 '이 가격이 아니면 안 팔린다'고 생각하고 결정하는 것이 대부분인 것이다. 혹, 정말로 2,000엔이 너무 비싸다면 3,000엔 상당의 가치로 보이게끔 '겉포장'에 신경쓰면 된다. 즉, 물건 자체가 아닌 다른 가치로 3,000엔에 해당하는 만족을 고객에게 주면 된다.

특히 '정가'는 가능한 한 높게 설정하도록 하자. 가격을 낮추는 일은 언제라도 가능하지만, 높이는 것은 웬만해서는 할 수 없으니까.

한 줄 비법

가격을 비싸게 책정해야 자금융통이 쉽다.

최고의 상품을 최고의 가격에 팔아라

작은 회사는 무조건 비싸게 팔아야 한다

요즘은 싸지 않으면 안팔린다고 하는 사람이 많아지고 있다. '덤핑장사'에 몰두하는 회사도 꽤 늘어났다.

그러나 작은 회사는 이렇게 해서는 안 된다. 가격파괴는 대기업의 특권인 것이다. 가격파괴로 영업실적을 올리고 있는 회사도 비즈니스 잡지에 소개되곤 하지만, 모두 대기업 얘기다. 그리고 가격파괴, '획기적 비즈니스 모델' 등으로 절찬받는 곳일수록 망해가는 속도도 빠르다.

가격파괴로 성공한 작은 회사는 거의 없다. 왜냐하면, 가격파괴는 누구나 간단히 흉내낼 수 있기 때문이다. 가격파괴는 이익률이 낮아서, 자금의 여유가 없는 작은 회사의 경우는 금세 자금융통의 약화를 초래한다. 종래 만 엔에 팔리고 있던 상품을 9,000엔으로 팔면, 한시적으로는 매출이 늘어날지도 모른다. 그러나 그 다음 주에는 다른 회사가 8,500엔으로 팔고, 그러니 거기에 대항해서 8,000엔으로 가격을 내려야 하는 등 끝없는 가격 경쟁이 펼쳐지는 것이다. 이런 힘겨루기는 모두를 힘들게 할 뿐이다.

그럼, 작은 회사는 가격 면에서 어떤 전략을 세워야 할까? 한마디로 말하면, 타사보다도 비싸게 팔 방법을 필사적으로 생각해야 한다.

2배의 가격으로 파는 방법

만약 지금 취급하고 있는 상품의 단가가 만 엔인데, 그것을 2만 엔에 팔기 위해서는 어떻게 하면 좋을까? 자, 한번 진지하게 생각해 보자.

단순히 가격을 2배로 한다면 팔릴 리가 없다. 2만 엔이나 받으려 할 땐 여러 가지 노력이 필요하다.

예를 들어 포장을 멋지게 해서 비싸 보이게 하거나, 소재의 등급을 올려서 고급의 느낌을 내는 것도 한 가지 방법이다. 또한 기능을 추가할 수도 있고 뭔가를 덤으로 줄 수도 있다. 유통방법을 바꿔서 구매자에게 직접 판매하는 등의 방법도 있을 수 있다.

대상고객을 다시 검토할 필요도 있다. 쌀수록 좋다고 하는 사람과, 비싸더라도 좋은 물건을 사는 사람은 확실히 다르다. 기업도 마찬가지다. 고급품을 만들고 있는 곳과 저가의 제품을 만들고 있는 곳은, 사용하는 소재부터 명백히 틀리다.

일본 제품이 중국 등과 비교해 가격이 비싼 것은 어찌 할 수가 없는 것이기 때문에, 일본 제조업은 서서히 고급품으로 특화상품화해 가고 있다. 즉, 재료나 공장설비 등의 가격은 비싸도 '중국에서는 만들 수 없는 것' 이 요구되고 있는 현실이다.

덧붙여 말하면, 아무리 좋은 물건을 만들어도 원가가 2배로 늘지는 않는다. 경비 증가는 기껏해야 1할에서 2할 정도다. 이렇게 해서 2배의 가격으로 팔린다면 이익률은 급증하는 것이다.

가격은 항상 배짱 있게 책정해라

이렇게 말하긴 해도, 새로운 상품을 내다 팔 때는 가격책정을 고민하게 마련이다. 특히 지금과 같은 불황에는 싸지 않으면 안팔리는 게 아닌가 하는 고민을 하는 분도 많을 것이다. 나도 그랬다. '혹시 안팔리면 어쩌지?' 하며 언제나 불안했었다.

그런 때 나는 언제나 배짱을 가지고 높은 가격을 책정했었다. 만일 안팔리면 가격은 언제든지 내릴 수 있기 때문이다. 때로 이렇게 배짱으로 가격을 책정하면 말도 안 된다며 무시당하곤 한다. 그러나 "조금 싸게 안 됩니까?"라고 하는 문의가 들어오면, 그 장사는 성공한 것과 마찬가지다. 그 말은 곧, 그것을 사고 싶다는 것이기 때문이다. 많은 사람들은 거기서 마음이 약해져서 가격을 내려버리지만, 가격을 내린다고 해서 그것만으로 많이 팔리는 것은 아니다.

내가 처음 세미나를 열었을 때, 참가비를 6,000엔으로 정했었다. 동경에서의 참가자는 30명 정도였는데, 회의장 비용이나 교통비를 빼면 이윤이 전혀 남지 않았다. 몇 개월 뒤, 다른 테마로 세미나를 열게 됐다. 그 때, 참가비를 얼마로 할지를 크게 고민했다. 가격을 올려서 참가자가 줄면 어쩌지 싶었지만, 수익이

나지 않는 이벤트를 한다는 것도 사실 의미가 없었기 때문이다.

나는 과감하게 참가비를 2만 엔으로 했다. 2만 엔 씩이나 내고 참가하는 사람이 있을지 너무나 불안했다. 그런데 뚜껑을 열고 보니 40명 가까운 신청자가 있었다. 가격을 3배 이상 올렸는데도 오히려 신청자가 늘어난 것이다.

손님은 '싼 것'을 찾고 있는 것이 아니라, 본인에게 혹은 자신의 회사에 '필요한 것'을 구하고 있는 것이다. 그것이 충족된다면 가격이 좀 비싸도 사는 법이다. 반대로, 싸더라도 필요가 없는 것은 안팔린다. 그러므로 충분한 가격을 받고, 손님이 만족할 수 있는 질의 물건을 파는 것이 중요하다.

구입자에게 있어서 '싼 게 비지떡'은, 동서고금 공통의 비즈니스 철칙이다. 그러나 반대로 파는 쪽에 있어서도, '싼 게 비지떡'은 철칙이어야 한다.

최고의 상품, 최고의 서비스를 최고의 가격으로 판다 - 이것이 성공의 최고 지름길이다.

한줄비법

싸게 팔려고 하지 말고, 비싼 가격을 위한 비싼 서비스를 준비하자.

비싸게 팔려면 포장에 신경써라

이미지가 매출을 결정한다

작년에 당신 회사는 인쇄소나 디자이너에게 얼마를 지불했는가? 소매점 등에서 전단지를 마구 뿌리고 있는 회사는 별도로 하고, 제조업이나 도매업 회사에 있어서 인쇄소란 전표나 명함 등을 인쇄하는 곳뿐이라고 하는 곳이 적지 않다.

그러나 인쇄소에 지불할 금액이 적은 회사일수록 돈을 벌지 못하고 있는 곳이 많다. 인쇄소에 지불할 금액이 적다는 것은, 자사에서 판매하고 있는 카탈로그나 전단지에 돈을 들이지 않는다는 뜻이다. 하물며 디자이너에게 뭔가를 부탁하는 일도 없을 것이다.

결론부터 말하면, 이것은 아주 손해보는 일이다. 한 가지 예를 들어보기로 하자.

내가 에너지 절약형 기기의 판매처를 하고 있을 때의 일이다. 처음부터 느닷없이 사전방문을 위한 예약전화를 걸어도 상대해 줄 리 없다는 것을 알고 있었기 때문에, 나는 안내문서를 보낸 뒤 반응이 온 곳에 상세한 자료를 보내는 방법을 썼다.

하지만 그 자료에 돈을 들이는 게 아까워서, 직접 워드로 자료를 열심히 만들어서 보냈다. 그런데 자료를 보내도 보내도 전화벨은 울리지 않았다. 자료를 받았을 쯤에 전화를 넣어 봤지만 상대도 해주지 않았다. '왜일까?' 하고 그 이유를 진지하게 고민하던 중, 한 건의 방문의 승낙을 받고 상담을 갔을 때에야 그 이유를 알게 되었다. 너무나 자료가 진부해서 상품마저도 진부한 이미지를 주었던 것이다.

자료를 보낸 회사가 꽤 큰 곳이 많았기 때문에 더더욱 그런 인상을 주게 된 것인지도 모르겠지만, 아무리 상품이 훌륭해도 판촉자료가 워드로 찍어 만든 진부한 것이니 상대해 줄 리가 없지 않은가? 그렇지 않아도 작은 영세기업이란 것만으로도 상대가 회사를 깔보기 쉬운데 말이다. 그런데 자료까지 볼품 없으면, 더더욱 '가난한 영세 기업이 이상한 걸 팔러 왔다'고 하는 이미지를 줘 버리는 것이다.

그래서 과감하게 상품 카탈로그를 만들기로 결정했다. 당시는 자금이 없었기 때문에 아는 디자이너에게 부탁해서 만들었다. A4 사이즈에 앞면이 컬러, 뒷면이 흑백으로 된 한 장의 전단지였는데 그래도 10만 엔 정도가 들었다. 그런데 이 전단지를 돌리자마자 금방 반응이 달랐다. 상품에 대한 신뢰성이 높아진 것이다. 거기서부터 매출이 높아지기 시작했다. 든 비용은 고작 10만 엔이었는데 말이다.

법인을 상대로 한다면, 상품 카탈로그를 잘 만드는 것만으로도 매출이 극적으로 변한다는 것을 기억하라.

개인 소비자 상대라면 포장에 신경 쓰자

당사에는 차, 가공식품, 건강식품과 같은 식품관계 회사에서 상담이 꽤 들어오는데, 특히 영세기업의 경우는 자금이 부족해서, 볼품 없는 포장의 상품이 많다.

차를 만들고 있는 어느 한 회사의 얘기다. 그 회사는 유기재

배를 고집해서 차를 만들어 팔고자 했지만, 돈이 없었다. 그래서 재료상에서 팔고 있는 무늬 없는 알미늄으로 만들어진 팩을 사와서, 차를 채우고 컴퓨터로 손수 만든 상표를 붙였다. 아주 '초보자가 만들었습니다'는 표시가 역력했다. 이런 것으로 슈퍼나 소매점, 도매상 등에 영업을 하려고 했던 것이다.

그러니 어느 한 곳 상대해 주지 않았던 것이다. 나도 오사카에서 대행영업으로 슈퍼나 식품도매점을 다녀봤지만, 상품샘플을 보이자마자 전부 거절당했다. 알고 지내던 어느 작은 판매점에서 진열은 해 주기로 했지만, 판매자 쪽에서 생각하는 가격으론 팔 수 없었다.

내용물은 맛도 품질도 뛰어난 유기재배의 고급품으로 자신이 있었다. 그래서 시험적으로 오동나무 상자를 사와서 넣어 봤다. 상표도 화지로 만든 고급스러워 보이는 것을 붙였다. 그리고는 판매가격을 2배로 올려 봤다. 그러자 2배의 가격인상에도 불구하고 계약 성공률은 급증했다.

포장은 그 정도로 중요한 것이다. '내용물이 좋으면 팔리게 되어 있어'라는 사고방식으론 안 된다. 손님이 물건을 고를 땐 내용물의 좋고 나쁨을 판단할 수 없다. 상품의 질이 어떻건 우선적인 판단기준은 겉포장인 것이다. 물론 거기에 내용물까지 좋으면 금상첨화로, 입에서 입으로 소문이 나곤 한다. 그러나, 내용물이 아무리 좋아도 포장이 나쁘면 손에 집어보는 일조차 없으니 절대로 매출에 도움이 안 되는 것이다.

이처럼 상품이 안팔릴 때는 전단지나 카탈로그, 그리고 상품의 포장을 다시 검토하자. 약간의 경비는 들지만, 그만큼 판매 가격을 올리면 되는 것이다.

포장이 상품의 이미지를 결정한다

'포장'에 대해 좀 더 생각해 보자.

상품을 살 때 대다수의 사람은 무엇을 보고 결정하는가? 제조자, 특히 기술 파트 출신의 경영자들은 잘 팔리는 상품이란 '좋은 상품', 곧 품질이 뛰어난 상품이라 여기는 경우가 대부분이다. 그래도 팔리지 않는 건 '가격이 비싸서'라고 생각하는 것이다. 그러나 이것은 크게 잘못된 생각이다. 상품이 팔리고 안팔리고의 이유는 다른 곳에 있기 때문이다.

당신 주위에 "저 녀석은 겉모습은 괜찮은데, 속은 영 아니야. 그런데도 왜 여자들한테 인기가 있는 거야?"라고 하는 사람은 없었는가? 혹 여성이라면 '쟨 미인이지만 성격은 아주 나빠. 남자들은 왜 사람 보는 눈이 없을까?'라고 불가사의하게 생각한 적이 한 번은 있을 것이다.

상품도 마찬가지다. 가게에 비슷비슷한 상품이 몇 개 정도 진열되어 있을 때, 아주 많은 사람들이 '포장'을 기준으로 상품을 고른다.

예를 들어, 어떤 상품은 포장이 종이상자였다. 그리고 어떤 상품은 오동나무상자에 넣어져 있었다. 어느 쪽이 '좋은 상품'일까? 만약 내용물이 같아도 포장이 호화스럽다면, 그 쪽이 고급스럽게 보이는 것이 현실이다.

생산재에서도 같은 이야기를 할 수 있다. 예를 들어 소재를 철제에서 스텐레스로 바꾸는 것만으로, 상품 이미지는 몇 배나 고급스러워지는 것이다.

'이태리제'는 디자인만으로도 팔린다
- -

자동차도 지금은 겉모습이 아주 중요해지고 있다. 성능이나 기능의 차별화는 거의 불가능해지고 있으므로, 디자인이 선택의 기준이 되고 있는 것이다. 그 때문에 자동차 업계에서는 국적을 불문하고 세계적인 디자이너 헤트 헌팅이 활발해지고 있다고 한다.

얼마 전에 내 친구 중 하나가 이태리의 어느 유명업체에서 생산된 소형차를 구입했다. 시승에 동석을 하면서 여러 가지 얘기를 들었는데 이게 아주 품질 면에서 문제가 있는 차였다. 친구 얘기에 따르면, 엔진오일이 뚝뚝 새는 등 트러블이 계속 생겨서 수리비로 돈을 꽤 부어 넣었다는 것이다.

같은 레벨의 국산차라면 반액 정도에 더욱 성능이 좋은 차가 얼마든지 있는데도, 친구는 신차에 200만 엔 가까이 하는 1,000cc레벨의 이 소형차를 구입한 것에 아주 만족해 했다. 이 차에 매력을 느끼는 사람들이 친구 외에도 많은지, 이 차는 꿋꿋한 인기를 지속하고 있다. 그 이유는 한 가지, '디자인이 예뻐서' — 단지 그것뿐이다.

자동차뿐만이 아니다. 가전제품에서도 토스터기라든지 전기포터 같은 가전제품의 경우 조용히 이태리제 붐이 일어나고 있다. 그러나 그 '품질'은 결코 좋다고 말할 수 없는 것이 대부분이다. '품질'이 좋아서 이 물건들이 붐을 일으키는 것이 아니라는 뜻이다.

여기서 배울 점이 뭘까? 그것은 '디자인이 얼마나 중요한 가' 하는 것이다.

이태리에 가서 쇼핑을 해 보면 잘 알겠지만, 대기업뿐만 아니라 거리의 작은 가게에서도 '얼마나 멋있게, 예쁘게 만들까' 라는 것에 대단한 집착을 갖고 있다. 디자인 이외의 것은 생각도 하지 않는 것 같다고 할 정도다. 물건을 만드는 데 있어서는 일본도 이태리 이상의 집착을 갖는 나라지만, 일본이 집착하는 것은 '품질'이고, 이태리의 경우에는 '겉포장' 즉, 디자인이라는 것이다.

그래서 품질면에서는 일본 제품이 이태리 제품보다도 훨씬 뛰어나지만, 일본에서는 기술적으로 앞서 있는 것이 분명한 상품보다도 이태리 제품 쪽이 훨씬 비싸게, 더구나 불타나게 팔려버리곤 하는 것이다.

한줄비법

포장과 디자인은 '비싼 정가'를 위해 필수적이다.

안팔리는 이유는 여성에게 물어라

당신이 소비재 제조나 판매 쪽에 종사하고 있다면 "음-, 상품의 질은 훌륭하지만, 안팔릴 거야" 하는 생각이 들 때, 파는 방법을 생각하기 전에 가까운 사람에게 상품의 샘플을 보여주고, 이렇게 한마디 물어 보라.

"이거 어때? 갖고 싶어?"

이 때, 상품 설명을 해서는 안 된다. 혹, 상대가 "이거 뭐야?"라고 물으면, 최소한의 필요한 것만 대답하도록 하자. 예를 들어 "먹는 거야"라는 식으로. 상대는 여성, 그것도 가능한 한 직감으로 대답해 줄 듯한 사람을 뽑자.

소비재 구매결정의 주역은 여성이다. 처음부터 여성을 타겟으로 한 물건은 물론이거니와, 기본적으로 가정에서 쓰는 것(주택 등)도 결정하는 것은 여성이기 때문이다. 결정권이 여성에게 있는 경우, 아무리 남성에게 지지를 받아도 안팔린다. 그러므로, 안팔리는 이유를 알고 싶을 때는 여성에게 의견을 묻는 것이 제일 빠른 방법이다.

어떠냐는 질문에 "글쎄"라고 대답을 얼버무린다면, "왜?"라고 물어 보자. 아마도 "촌스러우니까"라는 대답을 하는 경우가 많을 게 분명하다. 여성들에게 의견을 물

어 보면, 디자인이 얼마나 중요한 키 포인트인지를 알게 될 것이다.

이렇게 되면, 할 일은 하나다. '디자인에 돈을 들이는' 것이다. 기술개발에는 돈을 들이면서도 디자인에는 전혀 돈을 들이지 않는 기업이 많다. 완성된 상품이 안팔릴 때 많은 기업은 기술개발에 더욱더 자금을 투입시키지만, 사실 그 전에 우선 디자인을 고치는 것이 효과적일 수 있다.

예를 들어, 개발비로 500만 엔의 예산을 생각하고 있다고 하자. 기술개발비를 줄여서라도 그 중 200만 엔 정도는 디자인비로 돌릴 필요가 있다. 여기서 인색하게 굴어서는 안 된다. 물론 포장에도 돈을 들인다. 기술자 출신들은 화를 내겠지만, 내용물보다 외견으로 결정되는 것이 현실이다. 생산재의 경우는, 여자 아이들이 "예쁘다"며 살 것 같은 상품은 아니지만 역시 이미지로 판단되는 경우가 자주 있다. 그런 경우는 카탈로그나 팜플렛에 돈을 들이자.

겉포장, 이미지가 상품 선택에 있어서 큰 비중을 차지한다는 것을 잊어선 안 될 것이다.

'돈 되는' 상품이라는 믿음을 줘라

누구나 이윤을 남기고 싶다

"세상에 필요한 인간이 돼라. 세상에 필요한 모든 것은 번영한다."

이것은 내가 근무했던 이와타니 산업의 창업자인 이와타니 나오지 회장이 늘 사원들에게 이야기했던 내용이다. 정말 동감하는 부분이다. 손님에게 필요 없는 상품이나 서비스는 아무리 애써도 안팔리고, 조금은 팔린다고 해도 그리 오래 가는 일은 없다.

'필요해진다'는 것은 그리 간단한 것이 아니다. 그러나 '손님에게 갖고 싶다는 생각이 들도록 하기' 위한 한 마디를 내뱉는 것은 누구라도 손쉽게 할 수 있다. 그것은 "사장님, 이 상품은 돈이 됩니다"로, 오사카 도매업의 영업사원이 판매점 점장에게 영업을 할 때 잘 쓰는 말이다. 급속히 판매망을 확대하고 있는 회사의 영업방법을 보고 있으면 거의 예외 없이, "이 상품을 취급하시면 돈을 벌게 되어 있습니다" 라는 말 한마디로 영업을 하고 있다.

'돈을 버는 장사', '돈 버는 법'만큼 누구나가 알고 싶어 하는 것은 없다. 그러니 "이 상품을 취급하게 해 주시오!" 하고 전국에서 문의가 쇄도하도록 하기 위해서라도 이 한마디는 빠뜨릴 수 없는 것이다.

물론 누구든지 이 대사를 사용할 수 있는 것은 아니다. 이 대사를 쓸 수 있는 것은 오리지널 자사상품을 갖고 있는 회사뿐이다. 대리점이나 판매점은 '마지막 구매자' 에게 피는 것이 일이므로, "돈이 된다" 는 가장 팔기 쉬운 한 마디를 쓸 수 없다.

훌륭한 상품을 만들어서 판매활동에 들어갈 때는, 필히 이 한마디의 영업방법을 생각하라. 아무리 상품이 훌륭해도 '이런 건 안팔려' 하고 생각하게 한다면, 누구도 그 상품을 취급해 주지 않는다. 무엇보다도 중요한 것은 '이 상품을 취급함으로

써 얼마나 많은 돈을 벌 수 있는가'를 사례를 들어 가면서, 시뮬레이션을 통해 자세하고 상세하게 설명하는 것이다. 반대로 이것이 안 되는 것은, 안팔리는 상품이 된다.

　이런 점에 주의하면서 영업멘트나 광고, 판매도구를 만들자. 그러면 반드시 갖고 싶어지게끔 만드는 상품으로 탄생할 것을 확신한다.

한줄 비법

'돈이 된다'는 말 한마디가 상대로 하여금 물건을 구매하게 만든다.

구체적인 실적을 제시해라

판촉자료에는 구체적인 내용을 기입해라

상품을 구매하려는 사람들이 항상 묻는 것은 "이 상품은 어느 정도 팔리고 있죠?", "납입한 실적이 있나요?"라는 것이다. 어떤 상품이라도, 반드시 이런 질문이 들어온다.

"아무도 사용 안 한다", "일본에서 사용하는 사람은 내가 최초다"라고 하는 새로운 물건을 좋아하는 사람은 결코 많지 않다. 세상 대부분의 사람은 '모두가 산다면 나도 사보자' 라든지, '저 회사가 구입했다면, 우리도 검토 안 해 볼 수 없지' 라고 생각하게 된다.

그 이유는 간단하다. 누구에게나 '실험용 쥐는 되고 싶지 않다'는 심리가 있기 때문이다. 그러니 어떻게 해서든 이 납입실적이라는 벽을 뛰어 넘지 않으면 길은 열리지 않는다.

당신이 팔려고 하는 상품이 새로운 것이 아닌 경우, 다시 말해서 몇 년 전부터 팔리고 있는 그런 상품이라면 해야 할 일은 간단하다. 그것은 '납입실적'을 하나로 정리해서 제시하는 것이다.

이런 것은 대부분의 회사가 알고 어느 정도 실행하고 있는 것이다. 실제로 내가 과거에 보아온 상품의 판촉자료의 대부분에, '주요 납입실적'이라든가 '주요 취급점'의 리스트가 실려 있다. 회사 안내책자에 '주요 거래처'로 유명기업의 이름을 나열하고 있는 회사도 많이 있다.

그러나 이것만으로는 불충분하다. 더욱 구체적으로 자세하게 기입된 판촉자료, 이것이 최강의 판매 도구가 된다. 예를 들어, '○○ 주식회사에 납입' 식으로 간단히 쓰는 것보다는 '○○ 주식회사는 이 상품을 ××공장의 DD부분에 채택함으로써, 지금까지 문제였던 SS를 해결함과 동시에 NN 비용 절감을 실현시켰습니다' 정도로 자세하게 말할 수 있으면 보다 신빙성이 높아지는 것이다.

자신감은 안 될 것도 되게 한다

물건을 팔 때 중요한 것은 팔려는 물건에 대한 당신의 자신감이다. 무조건 가격을 싸게 하려는 것은 물건에 대한 당신의 자신감이 부족하기 때문이다. 이 물건은 그만한 가치가 있다고 생각하고 그 가치를 불러 일으키려는 태도가 중요하다. 일단 당신이 당신의 물건의 가치를 인정하지 않으면 누가 물건을 사겠는가. 또한 자신감은 마케팅의 기초이다. 새로움은 외부가 아니라 당신의 내면에 있다.

물론 구매자에게 비밀을 지킬 의무도 있으므로 신중한 표현이 필요하겠지만, 가능한 상세하게 납입실적을 기재하는 것이 좋다. 더구나 업계 톱레벨의 기업이 되고 싶다면 이렇게 구체적이고 상세한 자료는 가지고 있어야 한다. 이런 식으로 기재된 판촉자료는 대리점이나 판매점을 상대로 한 영업도구로도 아주 유효하다.

예를 들어 일용잡화 업체의 영업사원이 판매점 개점 시에 반드시 사용하는 문구가 있는데, 그것은 '이 상품은 도큐 핸즈(일본의 유명한 일용품 체인점)에서도 취급되고 있습니다'라는 것이다. 5년 정도 전에 한 달 정도 그 가게 앞에 진열됐었지만 너무 안팔려서 철수한 경우라도, 유명업체에 납입한 실적을 열거하는 것은 법인영업의 상투적인 수법인 것이다.

우선 실적을 만들어라

그럼 당신 회사가 벤처기업으로 아직 유명기업에 납입한 실적이 없는 경우거나, 또는 무명회사의 신상품으로 이제부터 판매해 가는 경우라면 어떤 방법이 효과적일까?

이런 경우에는, 누가 뭐래도 억지로라도 실적을 만들어야 한다. 그렇게 실적을 만들어서, 그 실적을 기초로 동업종 타사에 영업을 간다. 그럴 때 길을 트는 한마디는 물론 "○○ 주식회사에서도 채용하고 있습니다"다. 불가사의하게도, 어딘가가 채용하면 타사도 따라 채용한다.

가장 힘든 것은 첫 실적 생산의 고통이다. 그것을 뛰어넘어 한 번 실적을 만들면 영업은 아주 손쉬워진다.

구체적인 실적을 제시하면 그것이 곧 최강의 판매도구가 된다.

인증서로 고객의 불안을 제거해라

공공기관에서 인증을 받아라

당신이 지금까지 본 적도 없는 미지의 상품을 접한다면, 대충 한 번 보고 어떤 생각을 하는가?

나라면 이렇게 생각할 것이다.

'ㅇㅇ를 할 수 있다고 카탈로그에는 적혀 있었지만, 진짜일까? 요즘 들어서 이런 유형의 속임수를 쓰는 상품이 있다는 얘기를 자주 들었는데…… 영업사원은 좋은 말만 하지만, 그렇게 좋기만 한 게 있을 리 있겠어? 안 돼, 안 돼, 조심하지 않으면 영락 없이 속을 거야.'

새로운 상품, 그리고 고도의 성능이나 기능의 상품이면 상품일수록, 그 기능이나 효능에 대한 의심은 짙어진다. 따라서 손님이 새로운 상품을 살 때는 반드시 불안감을 가지기 마련인데, 그 불안감을 없애주지 않으면 아무리 좋은 상품이라도 팔리지 않는다.

그런 손님의 불안을 제거해 주는 것, 암행어사의 마패처럼 보여주기만 하면 누구라도 "아아-" 라며 넙죽 엎드릴 듯한 카드가 과연 있을까? 있다.

큰 기업의 납입실적에 견줄 만한 최강의 카드가 바로 '관공서 혹은 공공기관에서 발행하는 증명서' 다. 그러므로, 관공서나 공공기관에서 인증받을 수 있는 서류는 하나라도 더 많이 받는 것이 중요하다.

공공기관의 증명서라 해도 여러 가지가 있다. 예를 들어 JIS(일본공업표준조사회) 규격 등 누구라도 알고 있는 유명규격과 같은 것이 있다면 최고다. 단, 상품에 따라서는 JIS자체가 존재하지 않는 것이 있다든지, 취득에 시간이 걸린다는 단점 등이 있다는 것에 유의하자.

특허도 좋은 카드다. 특허는 성능을 보증하는 것이 아니지만, 특허번호가 들어간 카탈로그가 있다면 왠지 훌륭한 상품이라는 인상을 사람들에게 줄 수 있기 때문이다.

적은 돈으로 고객의 신뢰를 얻어라

구매자의 경계심은 상품의 기능이나 효능에 대해서만 일어나는 것이 아니다. '건강에 해는 없을까?' 하는 식으로, 상품 그 자체의 안전성에 불안감을 가지고 있는 경우도 꽤 있다. 당연한 말이지만 그런 경우에는 그 불안감을 제거해 주어야 한다.

내가 절수기구를 취급했을 때, 구매자로부터 "혹시 어떤 유해물질이라도 나와서, 사용한 사람에게 해를 입히는 일은 없겠죠?"라는 질문을 받은 일이 있다. 상품을 파는 입장에서는 기가 막힐 정도로 말도 안 되는 질문이었지만, 그것을 입으로 설명하는 것만으로는 신용을 얻지 못했다. 상대도 어딘가 공공기관에서 그것을 증명하는 서류를 받아 올 것을 요구했다.

그래서 공업 실험소에 가서 테스트를 하니 분석데이터와 인감이 찍힌 서류가 나왔다. 실험 자체는 기구를 물에 2주 징도 넣어 놓고 유해물질이 나오는지의 여부를 검사하는 간단한 것이었지만, 효과는 만점이었다. 증명서의 복사본을 제출했더니 당장 OK가 나왔던 것이다.

그 뒤, 재미있는 일이 일어났다. 판촉자료에 이 복사본을 첨부했더니 계약성공률이 올라간 것이다. 판촉자료를 받아 보는 쪽에 '이런 것까지 정확히 테스트를 해서 통과한 상품'이라는 인상을 주게 된 것이 성공한 것이다.

불가사의한 일이지만, 공공기관의 증명서를 요구하는 곳일수록 실험데이터의 의미를 이해하고 있는 사람이 적다. 엔지니어가 많이 있는 회사에서는 꼭 검증을 하지만, 총무나 영업부문 등 기술적인 지식이 부족한 곳은 내용보다도 도장을 필요로 하는 경우가 많은 것이다. 어쩌면, 데이터를 봐도 모르기 때문에 무조건 인감이 필요하다고 하는 건지도 모르겠다.

따라서 상품의 기능과 직접적인 관련이 없는 것이라도, 싸게 할 수 있는 검사가 있으면 무조건 증명서를 받아 두자. 그러면 영업이 아주 손쉽게 진행된다. 공업실험소에는 강도실험이나 분석 등 몇만 엔 정도로 할 수 있는 실험이 많으므로 적극 추천한다. 이러한 증명서 몇 장을 첨부하는 것만으로 계약을 성공시킬 수 있는 확률이 크게 달라진다는 것을 다시 한번 강조하고 싶다.

한줄 비법

공인증명서는 제품에 대한 고객의 불안을 줄이는 데 매우 효과적이다.

3장

어떤

마케팅 전략을 가져야

도요타보다

비싸게 파는가

회사 이름을 브랜드화해라 | 타사가격의 2배로 팔아라 | '교토 상술' 을 배워라 | 좋은 소재를 사용해야 브랜드

가 된다 | 사장 이름만 들어도 고개를 끄덕이게 해라 | 대표가 유명해지도록 노력해라

회사 이름을 브랜드화해라

브랜드는 생존의 비결이다

당신은 '명품'을 파는 가게에 들어가 본 적이 있는가? 샤넬이나 루이비통, 까르띠에와 같은 서양의 가방이나 액세서리, 고급시계를 파는 가게 말이다.

나는 개인적으론 그다지 관심이 없지만 그래도 거리를 걷다가 가게 안에 많은 사람이 있는 것을 보면, 도대체 어떤 상품들이 팔리고 있는지 관심이 간다. 그래서 때론 시장조사도 겸한 견학을 가서 상품의 가격과 판매량을 주의 깊게 보는데, 우선 가격을 보면 놀란다.

가방을 예로 들면, 비슷한 형태의 명품이 아닌 일반 상품과 비교해 볼 때 우선 가격의 단위부터 다르다. 그렇다고 그 가격만큼 품질이 빼어나게 좋은가 하면 그런 것도 아니다. 오히려 봉제나 소재 같은 것은 국산품이 좋은 경우도 적지 않다.

실제로 예전에 이태리의 유명한 인기 디자이너 제품의 정장을 산 적이 있었다. 그런데 바느질은 형편 없고, 두 번 클리닝했더니 꿰맨 자리가 터지기까지 했다. 결국 귀찮아서 그 후로는 그 옷을 입어본 일이 없다. 그런 정도의 제품인데도 어찌 된 셈인지 국산품보다 월등히 비싼 가격에, 그것도 훨씬 많이 팔리는 것이다.

이유는 하나, '명품 브랜드' 이기 때문이다. '명품' 이라는 이름을 얻은 '브랜드' 이기 때문에 아무도 품질에 대해서는 묻지 않는다. 더구나 같은 품질이라도 '명품' 이기에 몇 배 비싸게 돈을 주고 사도 당연하다고 여긴다. 그 브랜드라면 그만한 가치가 있다고 여기기에 고객은 쉽게 지갑을 연다.

'브랜드' — 이것을 어느 정도로 자사제품에 반영시킬 수 있는가? 이것이야말로 작은 회사가 이 냉엄한 시대 속에서 살아남을 수 있는 방안의 키워드인 것이다.

타사가격의 2배로 팔아라

1,500엔 짜리 소프트 아이스크림?

브랜드가 되기 위해선 기본적으로 제품의 품질이 우수해야 하고, 그와 더불어 '우리 상품은 최고다. 그러므로 다른 어느 곳보다 비싼 것은 당연하다' 라는 당신의 믿음이 있어야 한다. 이렇게 생각한다는 것이 쉽진 않겠지만, 그 정도로 긍지와 자신감을 가지고 팔지 않으면 자사제품을 브랜드화하기는 어렵다.

브랜드화의 포인트는 '이 제품을 얼마나 비싸게 파는가' 이다. "다른 회사보다 2배 비싼 가격으로 팔자"고 하면 틀림없이 "바보 같은 소리 하지 마" 라는 소리를 들을 것이다. 그렇지만 나는 브랜드 제품 중에서 가격이 싼 물건은 본 적도, 들은 적도 없다. 브랜드 제품이 되기 위해선 비싸게 팔지 않으면 안 되는 것이다.

일전에 '소프트 아이스크림의 결정판'이란 이름의 소프트 아이스크림을 먹은 적이 있는데, 가격은 자그마치 1,500엔이었다. 그 가게에서는 싼 소프트 아이스크림도 팔고는 있었지만, 많은 사람들이 1,500엔 짜리를 사 먹는다. 아니, 이것을 사 먹기 위해 오는 사람이 대부분이라고 한다. 상식적으로는 1,500엔이란 가격은 소프트 아이스크림 값 치고는 너무나 터무니없는 것처럼 들리겠지만, 오히려 사람들은 '이만큼 비싸니까, 다른 것과는 뭔가 맛이 틀릴 거야'라고 생각하는 것이다.

그 정도는 가치가 있다고 여겨라

우리 물건이 '명품'과 같이 될 수 있을까? 이런 의문은 누구나 가질 수 있다. '비싼 물건'으로 만드느니 '값싸게 파는 것'이 차라리 속편하다고 생각할 수 있다. 이는 당연하다. '가격을 올리는 것'은 '가격을 내리는 것'보다 많은 고민과 연구를 필요로 하기 때문이다. 비싼 가격만큼의 값어치를 심어주어야 하기 때문이다. 심지어 이는 '자신감'마저 요구한다. 아니, 물건 파는데 무슨 자신감? 이렇게 말할지도 모른다. 그러나 필요한 것은 '이거 아니면 안된다. 내가 선택하고 파는 물건은 최고의 가치가 있다'고 하는 당신의 믿음이다.

내가 그 가게 주인에게 왜 그렇게 비싼지를 물어보니 "일본에서 제일 맛있으니까 가장 비싼 게 당연한 거죠"라는, 매우 간단하고 명쾌한 대답이 돌아왔다. '당연한 것을 왜 묻는 거죠?'라고 하는 듯한 그 얼굴을 보고 나는 아무런 말도 할 수 없었다.

이런 자신감이 작은 회사, 벤처기업의 마케팅에서 가장 필요한 것이다.

'당연히' 비싼 것이다

물론 이것은 소비재에 국한된 얘기가 아니다. 기업을 상대로 하는 서비스 등, 엄밀하게 말한다면 비용에 가장 엄격한 것에도 이 원칙은 해낭된다.

인터넷사업의 확장을 위해 서버를 새로 빌렸던 때의 일이다. 비슷한 서비스 내용인데도 월 사용요금이 회사에 따라 5천 엔에서 2만 엔 정도까지 제각각이었다. 가격에서 4배나 차이가 났던 것이다. 가격이 싸면 좋지만, 반대로 싸다는 이유만으로 불안한 것도 사실이다. 가격이 높은 회사의 사이트를 보면 과연 보안이나 안전성 등에서 가격이 싼 회사의 제품보다 우수하다는 느낌이 든다.

서비스 요금이 비싼 회사에서 "좀 더 싼 회사는 얼마든지 있겠지만, 안정성 등을 고려하실 경우 가격만 보고 결정하셨다가는 큰 낭패를 보실 겁니다"하면 '하긴 그 말이 맞아' 라는 생각을 하게 된다. 어쩌면 실제로는 그렇게 큰 차이가 없을지도 모르지만, 그래도 그런 말을 들으면 비싼 쪽을 선택해 버리게 된다.

제품의 브랜드화에는 이런 자신감이 필요하다. 주요 거래처에서 비싸다고 얘기할 땐 "당연하죠"라며 뿌듯해 하면 되는 것이다. 그것이 신용으로 이어지고, 제품의 브랜드화를 만드는 과정이다.

그렇지만 개중에는 아무리 뭐라 해도 싼 게 아니면 사지 않겠다고 하는 손님이 있다. 그런 손님과는 거래를 하지 않든지, "싼 게 있긴 합니다만, 무슨 문제가 발생해도 뭐라고 하시면 안 됩니다"하면서 상품을 보여 주자. "그럼, 딴 데서 사겠다"고 한다 해도 신경 쓸 것 없다. 싼 물건을 사서 후회하도록 놔 두는 거다. 그 정도의 배짱은 부릴 필요가 있다.

자신감이 생기게 하기 위해서는 물론 노력이 필요하다. 비싸게 팔려는 노력을 '죽도록' 해야 하는 것이다. 비싼 가격에 물건을 팔기 위해서는 어떤 연출을 하면 좋은지, 또는 어떤 세일즈를 하지 않으면 안 되는지를 진지하게 생각해 보도록 하자.

세상에 있는 회사들 대부분은 그런 노력을 하지 않고 있다. 그렇기 때문에 기회가 있는 것이다. 무명의 기업이 '명품' 으로, 혹은 이름있는 브랜드를 가지는 정상까지 올라가는 것은 결코 불가능한 일이 아니다.

한줄비법

'내 상품이 최고이고, 그래서 당연히 비싼 것이다' 는 자신감을 갖도록 하라.

'교토 상술'을 배워라

교토 브랜드로 '비싸게' 팔 수 있다

    천 년의 수도, 교토 — 많은 사람을 끌어들이는 이 도시에는 마케팅 노하우가 많이 있다. 교토에는 수백 년 동안 이어져 온 유명한 가게가 많이 있다. 경제학 혹은 비즈니스 관련 책에는 '기업의 수명은 30년'이란 구절도 있는데, 어째서 교토의 많은 기업들은 그토록 오랜 시간 동안 지속되어 올 수 있었을까?

    많은 비즈니스 관련서적에 교토의 유명한 가게가 성공한 비결이 적혀 있다. 예를 들어 최고의 기술, 최고급 소재, 그리고 오랜 기간에 걸쳐 배양되어 온 브랜드 이미지……. 그러나 거기엔 가장 중요한 것이 빠져 있다. 가장 중요한 것, 그것은 '어느 곳보다도 비싸게 팔기 위한 노력'이다.

예를 들어 교토의 여름 풍물 중 하나인 '카모강 바닥'에서 갯장어를 물에 살짝 데쳐 달라고 하면, 대충 한 사람당 만 엔 정도 든다. 카모강에서 불어오는 바람을 맞으며 갯장어를 먹는 것이 그렇게 굉장한 것일까?

연출에 신경을 써라

애초에 갯장어는 세토나이카이에서 잡히는 물고기지만, 잔뼈가 많아 조리하기가 번거로워서 원래 그 지역에서는 안 먹었다고 한다. 일부러 번거롭게 갯장어를 먹지 않아도 세토나이카이에는 맛있는 물고기가 얼마든지 있기 때문이나.

맨 처음 교토에서 갯장어를 먹게 된 것은, 갯장어가 잡아 올린 후 그 싱싱함이 오래 가고 썩지 않는 몇 안 되는 고기 중 하나였기 때문이다. 냉장기술이나 운송기술이 발달하지 못했던 시절에 교토 사람들이 여름에 먹을 수 있는 물고기는 갯장어 정도밖에 없었다. 그래서 어쩔 수 없이 먹었던 것이 이 요리의 시작인 것이다. 그리고 교토는 분지이므로 여름에는 상상을 초월할 정도로 덥다. 그런 여름을 조금이라도 '시원하게' 보내기 위해 생각한 것이 카모강의 '강바닥'이다.

교토 상인들의 위대한 점은 여기에 있다. 무엇이든 '어쩔 수 없지'로 끝나지 않고, 가격을 정하고 그에 적당한 연출(분위기 설정, 포장 등)을 해서 무조건 비싸게 판다는 것이다. 그 결과 아와지 섬 사람들이 한여름에 일부러 교토로 와서 만 엔이나 하는 갯장어 요리를 먹고 감격해서 돌아가는 진풍경이 벌어진다. 아와지 섬이라면 해변의 어촌으로 3,000엔 정도로 쾌적한 바닷바람을 맞으며 아주 신선한 물고기를 먹을 수 있는데도 말이다.

이런 현상을 교토 여기저기서 볼 수 있다. 시시한 것에 '가치'를 부여하는 발군의 상법, 그것은 곧 고객이 그 가격만큼의 가치를 느끼게끔 하기 위해 무한한 노력을 하고 있다는 것을 의미한다. 그리고 교토 상인들의 이런 노력이 바로 브랜드화를 위하여 당신이 해야 하는 부분이다.

한줄비법

'비싸게 팔 수 있는 가치'를 개발하라.

싸게 팔 수 있는
방법에 대해 고민해라

읽을 거리

　참고로 얘기하자면, 같은 킨키 지방이라도 오사카 기업의 대다수는 '얼마나 싸게 해서 팔 수 있을까?' 를 궁리한다. 20년간 '점포정리' 라는 간판을 내 걸고 있는 구두점의 경우는 유일한 예외가 되겠지만, 내가 알고 있기로 싼 가격을 무기로 한 회사들의 대부분은 어느 새 망해 버렸다.

　오사카의 경제적 지반의 침체를 걱정하는 목소리가 나오기 시작한 지 꽤 됐지만, 경제가 되살아나지 않는 가장 큰 이유는 오사카의 많은 상인들이 '무조건 싸게 팔려는 노력' 을 하기 때문이라고 나는 생각한다.

　이런 절망의 길을 걷지 않기 위해서라도, 어떻게 하면 많이 팔릴까, 어떻게 하면 싸게 할 수 있을까를 생각하는 것이 아니라 '어떻게 하면 가격을 두 배로 올릴 수 있을까?' 라는 것에 지혜를 모으지 않으면 안 되는 것이다.

좋은 소재를 사용해야 브랜드가 된다

'가치'를 정확하게 전달해라

내가 취직해서 처음으로 가진 명함에 적혀 있던 소속부서는 '원재료건설부 금속광산과'라는 것으로, 최근에는 그다지 볼 수 없는 무게감 있는 이름의 부서였다. 그 후로도 공업원료를 취급하는 기간이 길었기 때문에, 지금도 상품을 볼 때는 물건의 소재에 남들보다 유난히 관심을 갖는 습관이 있다.

그러다 보니 제품의 소재선택에 신경을 쓰는 회사가 극히 드물다는 점을 깨달았다. 간혹 '이 제품은 소재선택에 신경을 좀 쓴 것 같군' 하는 '좋은 상품'은 이미 브랜드화되어 있었다.

한마디로, 그 제품으로 돈을 벌고 있었던 것이다. '브랜드상품'을 만들어 내기 위한 첫발은 바로 이렇게, '소재에 집착하는 일'이다.

우선은 '철저하게 좋은 소재'를 고르자. 예를 들어 주택회사라면, 기둥의 소재를 싼 수입목재에서 일본의 고급 삼나무로 바꾸어 보자. 경비는 틀림없이 올라가지만, 그 이상으로 판매가격을 올리면 이익률은 올라가는 것이다.

여기서 유의해야 할 것은 좋은 소재를 사용하고 있는 그 물건의 가치를 '구매자에게 명확히 전달하는 일'이다. 전단지나 카탈로그에 '고급 삼목 사용'이라고 작게 적는 것만으론 안 된다. 그 정도로 구매자는 '가치'를 모른다. 따라서 구매자에게 '가치'가 분명하게 전달되지 않으므로, 가격을 올린다 해도 결국 그만큼 팔기 어려워질 것이 뻔하기 때문이다.

이렇게 적어 보는 것은 어떨까?

'저희 회사가 만든 집의 기둥은 전부 삼나무의 명품이라 불리우는 나라현 요시노의 것을 사용하고 있습니다. 요시노의 삼나무는 혹독한 기후풍토 속에서 자라고 있으므로 나이테의 폭이 작고 튼튼합니다. 그래서 나무가 비틀어지는 일이 거의 없으므로 집이 오래 갑니다. 많은 회사들은 경비만 생각하고 수입재를 사용하고 있습니다만, 수입재는 비용이 싼 대신 오래 가질 않습니다. 언제나 쾌적한 집에서 생활하시도록 하기 위해 보이지 않는 곳에 사용하는 소재도 엄선해서 선택하는 것이 저희 회사의 방침입니다.'

이처럼, 해당 업계에서는 상식적인 것일지라도 일반 수요자가 모르는 것은 많이 있다. 따라서 하나하나 명확하게 전달하지 않으면 안 되는 것이다.

이런 방법은 모든 상품에 사용할 수 있다. 식품이라면 '국산 콩 사용'이 아니라, '홋카이도 ○○촌의 MM농장 ─ 이 비옥한 대지에서 재배된 최고급 콩만을 엄선해 사용하고 있습니다'라고 쓰자. 그렇게 하면, 그만큼 부가가치가 올라가는 것이다. 생산자의 얼굴이 보이게끔 하고, 가능한 한 자세하게 설명을 붙이는 것으로도 소비자에게 신뢰감을 줄 수 있다. 그것이 신용으로, 나아가 제품의 브랜드화로 연결되는 것이다.

'소재를 고집하는', 그것도 '천연소재를 고집하는' 것이 가능하다는 것은 작은 회사에게 주어진 특권이다. 왜냐하면 대기업은 생산량에 맞추어서 천연소재를 정기적으로 확보한다는 것이 아주 어렵기 때문이다. 생산량이 적은 회사일수록, 그만큼 좋은 소재를 '고집해서 만들 수 있다'라는 강점이 있는 것이다.

고급자재로 가격 교섭에서 우위를 점해라

소비재만이 아니다. 생산재도 같은 수법을 쓸 수 있다.

예를 들어 기계설비재의 경우 '스텐레스 사용' 이라는 문구만으로는 안 된다. '강철은 내식성이 좋지 않습니다. 그러므로 저희 회사의 상품은 뛰어난 내식성을 가진 스텐레스 강판(SUS304)을 사용하고 있습니다' 라고 쓴다면 가격교섭을 할 때도 유리해진다.

혹 상대가 "비싼데요. 좀더 어떻게 안 될까요?"라고 한다면, 다음과 같이 대답하면 된다.

"글쎄요. 강철로 만들면 가격을 꽤 많이 낮출 수도 있지만, 내식성이 나빠서 솔직히 추천하고 싶진 않네요. 어떻게 하시겠습니까? 싼 가격이 좋으시다면 그렇게 하겠습니다. 그러나, 나중에 문제가 있어도 책임질 순 없습니다."

"그건 좀 곤란한데요. 스텐레스로 만들어서 가격은 강철과 같게는 안 되나요?"

"죄송하지만 그건 좀 어렵습니다. 강철과 스텐레스의 가격은 다섯 배 넘게 차이가 납니다. 거짓말 같으면 일본경제신문의 상품시황란을 봐 주십시오. 그렇게 비싸고 좋은 자재를 쓰는 것에 비하면 이 정도의 가격차이는 오히려 적은 편입니다. 손님을 위해서 어떻게든 크게 차이 없는 가격으로 하려는 겁니다. 물론, 판단은 손님이 하실 수 있습니다."

사실은 제품으로 만들면 소재가격은 크게 차이가 없기 때문에 가격차이분은 거의 이익으로 남는 것이지만, 수요자에게 있어서는 그 이상의 가치로 느껴질 것이 분명하다. 소재를 좋은 것으로 하고 그것을 딱 들어맞게 표현하면, 기존의 상품과 비교해서 틀림없이 '고급스러운 느낌' 이 생기기 때문이다.

이렇게 해서 결과적으로는 이익률을 올리고, 게다가 "저 회사는 좋은 상품을 만들고 있다"라는 평판을 만드는 일이 가능해진다. 그리고, 그 평판을 유지해 가는 것이 브랜드화로 이어지는 길이다.

소재와 고급화로 이윤 상승, 고객의 호평이란 두 마디 토끼를 잡아라.

사장 이름만 들어도 고개를 끄덕이게 해라

당신도 손쉽게 카리스마를 가질 수 있다

업계에서 카리스마를 가진 인물, 또는 '보스'라 불리는 사람들이 있다. 신문이나 TV에 나와서 활약하고 있는 이런 사람들의 회사는 틀림없이 이미 브랜드화되어 있을 것이다.

사장은 회사의 광고탑이며 간판이자, 브랜드 그 자체다. 사장의 이미지만으로 회사 이미지가 결정되어 버리는 경우도 있다. 따라서 자사제품의 브랜드화를 목표로 한다면 사장 자신이 하나의 브랜드가 되어야만 한다.

자, 이제는 업계에서 카리스마 있는 인물, 업계의 보스를 목표로 하자. '난 그런 위치에 있어본 적이 없어서 그런 건 어려워' 하고 간단히 포기해선 안 된다. 무엇이든 해결방법은 있기 때문이다.

자기사업으로 업계의 최고가 되는 것이 어려운 경우나 뭔가 새로운 일에 손을 대고자 하는 경우, 가장 손쉬운 방법은 '자신이 주재하는 모임'을 만드는 것이다. 업계의 단체든 다른 업종과의 교류회든 상관 없다. 먼저 자신이 주역이 될 수 있는 모임을 만드는 것부터 시작하자.

쉽게 업계 1위가 될 수 있다

3년 전쯤, 환경문제를 비즈니스로 연계시키는 것에 대해 고민했었던 적이 있다. 당시 샐러리맨이었던 나는 환경 비즈니스 쪽으로의 독립을 모색하고 있었지만, 그에 대한 지식도 인맥도 전혀 없는 상태였다. 여러 곳의 세미나나 강연, 교류회에도 참가했었지만, 받은 명함의 장수가 늘어도 그다지 도움이 되는 일은 없었다.

그렇다면 '스스로 모임을 만들어 정보교환이 가능한 구조를 만들어 보자'라는 생각을 했다. 당시는 직장에 매인 몸이라 낮 시간을 이용한다는 것은 불가능했기 때문에, 인터넷의 메일주소록을 이용해서 '에코벤처연구회'라는 환경비즈니스 모임을 만들었다. 동료와 함께 시작한 것도, 어느 정도의 사람이 모일지를 예상할 수 있었던 것도 아니었다. 처음엔 회원이 단 한 명, 나 혼자였다.

당연히, 모임에 대해 언급해도 누구 하나 참가해 주지 않았다. 그래서 생각한 것이 모임의 홈페이지를 만들어 취지를 설명하고, 회비는 무료이니 가벼운 마음으로 참가해 주길 바란다는 내용을 사이트에 올렸다. 다른 메일 주소록으로 안내를 보내기도 하고, 메일 매거진을 만들어 선전한 것뿐이었으니, 돈은 1엔도 들지 않았다. 한낱 샐러리맨의 취미로 시작한 일이라 낮에는 아무것도 할 수 없었기 때문에 밤에 혼자서 몰래 컴퓨터를 두드리는 일이 전부였다.

그런데 그것만으로 1년에 500명 이상의 회원이 모였다. 그 후엔 특별한 홍보활동을 하지 않았는데도 어느샌가 750명 정도가 참가하는 일본 제일의 '환경비즈니스 교류회'가 된 것이다.

매스컴이 스스로 접촉해 오게 해라

시간이 지나면서 오프라인 모임이라 칭한 술자리를 가지기도 하고 스터디그룹을 열기도 하면서, 인터넷 세계뿐만이 아니라 점점 실제 생활 속에서도 교류를 하는 사람들이 나오기 시작했다. 참고로 말하자면 내가 독립한 뒤 맨 처음 한 일은, 거기서 만난 사람에게서 공급받은 상품을 판매하는 것이었다.

700명이 넘는 멤버가 있(다고 해도 공상의 세계에서 존재할 뿐 실체는 없는 모임이지만)고, 그것을 관할하는 입장이 되면 여러 가지 재미있는 일이 일어난다.

우선 매스컴이 취재를 온다. 내가 처음으로 TV에 출연한 것도, 잡지사의 취재를 받은 것도 이것이 계기가 되었던 것이다. 그 밖에도 강연의뢰가 들어오기도 하고, 수없이 많은 상담의뢰나 비즈니스에 대한 문의를 받기도 했다. 때론 여러 가지 이권이 맞물리는 얘기까지 들어오기도 한다. 실체가 없는 모임이라도 그것을 하나의 권위라 생각하는 사람들이 생기는 것이다.

이처럼 이름도 알려지지 않은 무명의 인간이라 해도, 자신이 직접 모임을 만듦으로써 사람들이 모이고 업계의 오피니언

리더의 위치가 되는 일을 지금은 손쉽게 실현시킬 수 있다. 그러므로 여러분이 지금부터 할 일은 한 가지 ─ 자사 영역의 '모임'을 만들어 운영하는 것이다. '같은 업계 사람들과 교류를 하고 싶다'라든가 '이런 정보를 교류하는 동호회는 어딘가 없을까?' 해서 찾아다니는 일은 시간 낭비다. 자신에게 가장 적합한 '모임'은 자신이 만드는 것이기 때문이다.

모임을 만드는 것 정도야 간단하다. 모임 이름을 정해서 대표로 취임하는 것이 전부고, 이것은 10분 만에 가능한 일이다. 그 다음에 할 일은 '무엇을 하는 모임인가'를 정하는 것이다. 그것을 홈페이지로 만들어서 모집을 하면, 반드시 사람이 모이게 되어 있다.

유료로 할 경우, '회비를 받는 만큼, 어떠한 이득을 회원들에게 제공할 수 있는가'를 명확히 하는 것이 포인트다. 그것을 보고 '자신에게 도움이 되나'라고 판단한 사람들은 모이는 것이다. 다시 한 번 말하지만, 중요한 것은 '자기가 만들어서 그 대표가 된다'는 것이다.

이후 회원수가 늘면 늘수록 거액의 돈과 정보가 모이게 되고, 이권이나 상권도 발생한다. 그리고 '모임'의 활동이 활발해지면 매스컴에서 거론되거나, 일개 중소기업이라고 문전박

대했던 공공기관이나 대기업까지도 당신의 이야기를 들어주게 되는 것이다. 어떻게 이름있는 사장이 되는가. 이처럼 그리 어렵지 않은 과정을 통해 될 수 있다. '모임'을 만들고 이를 통해 자신의 이름을 알리면 자연스럽게 명망을 얻게 된다. 내가 가진 노하우 가치를 교류하는 것만으로도 나는 순식간에 유명인사가 된다.

이렇게 재미가 솔솔 나는 일을 안 한다는 것은 안타까운 일이다. 꼭 자신이 이끄는 '모임'을 만들어 보자. 인생이 달라질 것이다.

한줄비법

자신이 주관하는 모임을 만들어야, 브랜드 가치가 있는 사장이 된다.

대표가 유명해지도록 노력해라

눈에 띄는 사장은 말을 잘 한다

옛날부터 '모난 돌이 정 맞는다' 는 말이 있다. 너무 튀는 것은 좋지 않다는 뜻이다. 그러나 영업실적이 급성장하고 있는 회사들의 공통점은 사장이 아주 튄다는 것이다. 이렇게 튀는, 개성 있는 사장은 반드시 사람 앞에 잘 나서고, 이야기를 잘 한다.

어느 프랜차이즈 설명회에서의 일이다. 프랜차이즈 사업으로 급성장하고 있는 어느 업체의 사업설명회에서 사장이 직접 프레젠테이션을 한다고 해서 보러 간 일이 있다. 나는 딱히 그 상품에 흥미가 있었던 것도 아닌데, 많은 청중 앞에서 이 사업이 얼마나 굉장한가를 열정적으로 설명하는 사장의 얘기에 흠뻑 빠져들고 말았다.

그 회사의 상품을 취급하기 위해서는 가맹금이 1,500만 엔이나 필요했지만, 나는 '빚을 내서라도 해 볼까' 라는 생각이 들 정도였다. 그 정도로 말솜씨가 좋았던 것이다. 그러나 그 때는 '그렇군, 영업방법에는 정말 여러 가지가 있네' 하고 감탄만 했지, 나하고는 관계 없다는 생각에 잠시 동안은 그 일을 잊고 있었다.

'화술'로 사람들을 매료시켜라

그것을 다시 떠올린 것은, 친구 결혼식 피로연에서 어떤 여성의 연설을 들었을 때였다.

그 직전까지는 모두들 내빈이나 주빈, 신랑신부의 친구나 지인이 계속해서 연설을 하는 중에도 "이 호텔 음식 꽤 괜찮네"하며 주위 사람들과의 잡담에 정신이 없었다. 그런데 신부 친구라는 여성이 연설을 시작했을 때, 회장의 분위기는 한 순간에 바뀌었다. 80명 정도의 참석자가 일제히 잡담을 멈추고,

집중해서 듣기 시작한 것이다. 얘기의 내용은 흔히 있는 시시한 것이었지만, 그 여성의 말솜씨는 아주 좋았다. 나중에 보니그녀는 신부의 고향에 있는 라디오 방송국의 사회자였다.

그 자리에 있으면서 나는 이런 생각을 했다. '말솜씨가 좋으면, 별 내용이 아니라도 모두가 집중해서 듣는구나……'

나에게 그것은, 한 마디로 쇼크였다. 나는 때때로 세미나나 강연을 하고 있었지만, 아무리 준비를 해도 그렇게까지 얘기를 잘 할 수 없었다. 굳이 얘기하자면 입담은 형편없는 편이었다. 주위 사람들은 "무슨 소리야! 강연이란 건 몇 번 하다 보면 자연히 숙달되기 마련이야"라고 얘기하지만, 정말 그럴까?

나는 수십 번의 강연을 했었지만, 예의 라디오 방송국 사회자를 한다는 그 여성처럼 말로 청중을 매료시키는 일은 못할 것 같았다. 사실은, 그래서 손해를 본 적이 있기도 했다.

'화술'에도 훈련이 필요하다

그럼 어떻게 하면 얘기를 잘 할 수 있을까?

아나운서라고 해서 태어나면서부터 말을 잘 하는 것은 아니다. 아나운서가 되려는 사람은 학생 때부터 전문학원을 다니면서 훈련을 하니까 그렇게까지 잘 할 수 있는 것이다. "그렇다면 나도 공부를 해 봐야지" 하고 인터넷에서 검색을 했더니, 사무실 근처에 화술(話術) 학원이 있어서 즉시 수강신청을 하고 다니게 되었다.

그런데 이것이 생각보다 아주 재미있었다. 나이는 먹을 대로 먹은 아저씨가 "아, 에, 이, 오, 우, 에, 오, 아, 오" 하고 발성연습을 하기도 하고, 빨리 말하기를 연습하기도 하고 2분 스피치를 연습하는 등, 좌우간 사람에게 말로 전달하는 기술을 훈련시키는 것이었다. 그런 기술은 그 전까지 해 본 적이 없던 것이어서 아주 신선하게 다가왔다.

그 곳에서 다시 한 번 감탄한 것은 '배운다는 것'의 중요성이었다. 역시 사람은 빈틈없이 기초부터 배우지 않으면 발전할 수 없다. 일본인은 옛날부터 사람들 앞에서 얘기하는 것을 어려워한다든가 프레젠테이션을 잘 못한다는 평이 있어 왔는데, 원인은 그런 훈련을 할 수 있는 곳이 없었기 때문이다. '말하는 것'에 무슨 기술이 필요한가라고 생각하는 사람들은 일찌감치 '유명한 사장'이 되어 유명한 회사를 만들려는 마음을 포기하는 것이 좋다. 모든 것에는 기술이 필요하다. 남을 사로잡으려고 해도 기술이 필요하고 이를 배우는 것은 필수적인 요소이다.

　사람과 접하는 일을 하고 있는 사람에게는 '이야기 하는 것'이 절대적으로 필요하다. 특히 사장이라는 직책에 있는 사람이라면 더더욱 그렇다. 사장이 '이야기 하는 법' 이란 기술을 몸에 익히는 것은 사장 자신의 브랜드화를 향한 첫걸음이다.

4장

어떤

영업전략을 가져야

도요타보다

많이 파는가

도요타의 판매전략은 흉내도 내지 말아라 ㅣ틈새시장에서 최고인 제품을 만들어라 ㅣ명확한 판로를 찾아라 ㅣ처음부터 돈을 너무 들이지 말아라 ㅣ매일 수입이 생기는 상품을 만들어라 ㅣ'재주문' 이 쉬운 상품을 찾아라 ㅣ '돈 많은 회사' 와 거래해라 ㅣ손님이 많이 있는 곳을 물색해라 ㅣ손쉬운 장사구조를 만들어 내라 ㅣ돈이 바로 들어오는 수익 모델을 창출해라

도요타의 판매전략은 흉내도 내지 말라

싸게 팔기 경쟁에 승산은 없다

비즈니스 잡지 등에 실려 있는 성공사례의 예는 거의가 대기업 제품이다. 즉, 이런 제품을 근거로 한 판매전략은 아무리 연구해도 작은 회사로서는 흉내낼 수 없는 것뿐이다. 사실, 중소기업이 대기업과 같은 분야에서 싸워서 이길 확률은 없는데도 불구하고 무모한 경쟁에 도전하는 경영자는 끊이질 않는다. 전형적인 최악의 비즈니스 모델은 다음과 같은 것이다.

'저희는 대기업 ○○ 사의 상품과 품질면에서 거의 다르지 않은 물건을 반액에 판매하고 있습니다' 이것만은 절대로 하지 말

자. 이런 방법으로 작은 회사가 대기업을 무조건 이길 수는 없다.

싸게 생산해서, 싸게 팔아서 이익을 올리기 위해서는 반드시 실현시키지 않으면 안 되는 것이 있다. 중소기업이 대기업을 상대로 제일 하기 힘든 일이지만, '대량으로 만들어서 대량으로 판매한다'는 것이다. 경비를 줄이기 위해서는 대량생산 이외에는 방법이 없다. 그러나 안타깝게도 아무리 애를 써도 중소기업이 제조단가에서 대기업을 이길 수는 없다. 작은 회사가 대기업만큼 대량으로 만들 수 있는 방법은 없는 것이다.

그 뿐만이 아니다. 대량으로 만들면 대량으로 팔아야 한다. 그리고 대량으로 팔기 위해서는 또 그만큼의 판매경비가 들기 마련인데, 중소기업으로서는 그 판촉비용을 부담할 수가 없는 것이다. 중소기업의 경우 '대량생산, 대량판매'라는 비즈니스 모델은 생각지도 못하는데 하물며 비용 면에서 대기업을 이긴다는 것은 생각도 해서는 안 되는 일이다.

틈새시장을 발견해서 고급스럽게 벌어라

그렇다면 대기업이 들어가지 않는 분야란 도대체 어떤 분야일까? 주목할 만한 부분은, 대기업의 강점인 자금력과 규모를 살린 '대량 생산, 대량 판매'라는 구조가 어떤 면에서는 오히려 대기업의 약점이 되기도 한다는 점이다. 즉, '수적으로 많이 팔리지 않는' 물건에는 손을 못 댄다는 것이다.

그렇다면 '장사의 범위를 얼마나 좁히는가'와, '어느 정도의 틈새시장을 발견하는가'가 중소기업에게 있어서는 가장 중요한 성공포인트라 할 수 있다. 어쩔 수 없이 대기업과 업종면에서 부딪쳐야만 하는 경우라면 가격대나 타겟 등을 바꿔서 최대한 충돌을 피하는 작전이 필요하다.

그 때에는, '판매수량은 적어도 이익률은 높이는' 일에 만전을 기하자. 시장규모가 작으므로 '박리다매' 방식으로는 헤쳐나갈 수 없다. 예를 들어 영세기업이 햄버거집을 한다면 개당 가격이 5,000엔인 '캐비어가 들어간 햄버거'를 메인 상품으로 하는 등, 타겟이나 상품 구성을 비껴서 차별화시키지 않으면 안 되는 것이다.

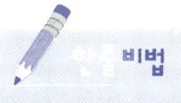

비법

대기업이 손대지 못한 틈새시장에서 차별화된 사업을 찾아라.

틈새시장에서 최고인 제품을 만들어라

.

틈새시장이라면 세계 최고도 꿈이 아니다

중소기업이 틈새시장을 노릴 필요성은 이미 앞에서 설명했으니, 이제는 기왕이면 그것을 '국내 제일', '세계 최고'의 상품으로 만드는 노력을 해 보자.

'글쎄, 그렇게 대단한 일을 할 수 있을까?' 라는 의구심을 가질지 모르나 실은 그리 어려운 일도 아니다. 솔직히 한 나라에서 유일하게, 그것도 당신의 회사 밖에 안 만든다면 '국내 유일', '국내 최대' 라고 선전할 수 있게 되는 것이다. 따라서 경쟁 상대가 적으면, 비교적 간단히 '국내 제일' 이 될 수 있다.

그렇게 생각하면 의외로 간단하지 않은가? 일본을 예로 들자면, 일본 제일은 되지 않더라도, '오사카에서 1위' 정도가 될 확률은 더욱 커지고, 지역에 밀착한 비즈니스를 전개하는 분이라면 '지역에서 1위'를 목표로 하는 것도 좋겠다. 그러다 보면 '세계 최고'도 무리가 아니다.

틈새시장을 공략하면 그만큼 최고가 되는 것도 간단한 것이다.

메이저 속의 정상보다 틈새시장의 톱이 되자

틈새시장에서 업계의 톱이 되는 편이 메이저 세계에서 정상을 목표로 하는 것보다도 유리하다는 것을 내가 깨달은 것은 학생 때였다.

나는 고교 시절에 산악부에서 활동했는데, 모르는 분이 많겠지만 산악부에도 다른 스포츠처럼 시합이란 것이 있다. 물론 참가하는 학교는 그리 많지 않기 때문에 산악부 시합에서 상위에 올라가는 일은 그다지 어렵지 않았다. 연일 격한 훈련을 한 것도 아닌데 '오사카부 고교등산대회'에서 6위에 입상, 킨키

대회에 출장할 수 있게 되었던 것이다. 그리고 여름방학이 끝나자마자 조례시간에 전교생 앞에서 표창을 받는 영예를 얻었다. 그리 열심히 연습한 적도 없는 우리들이 말이다. 만약 우리가 야구부였다면, 그렇게 간단하지 않았을 것이다. 우리 학교의 야구부도 매일 아침 일찍부터 저녁 늦게까지 연습했지만 지역구 예선 3회전에서 패하고 말았었다.

비즈니스 세계도 마찬가지다. 나는 학생 때 해외여행을 많이 해서 장래에는 무역의 세계에서 일하고 싶다고 생각했었다. 무역업계에서 일하려면 외국어능력이 필요하다. 그러나 영어라든지 당시 하고 있던 중국어는 경쟁이 너무 심했기 때문에 나는 한국의 서울에 가서 일 년 동안 한국어를 공부했다.

지금이야 인기 연예인이 한국어를 공부하는 시대지만, 당시엔 자비로 한국에 유학을 가는 일본인이 그다지 많지 않았다. 덕분에 같은 대학 출신으로서는 조금 입사가 까다로웠던 회사에 취직을 할 수 있었고, 입사 후에도 회사 내에서 스페셜리스트라는 것 때문에 꽤 인정받고 비중 있는 일을 맡기도 했다.

앞에서 얘기한 환경 비즈니스 모임의 경우도 시장의 틈새를 노렸던 점이 크게 작용했다고 생각한다. 내가 설립한 '환경비즈니스 업종교류회'는 금방 '일본 최대의 비즈니스 교류회'로 발전했다. 눈깜짝할 사이에 일본 최대가 된 것이다. 바꿔 말하면, 그 때까지 '환경비지니스 교류회'라는 것은 일본에는 몇 안 되는 분야였다는 것과 같다.

참고로 마이너 세계의 정상에 서면 좋은 일이 많다. 그 중 하나가 회사 영업실적에 미치는 영향이다. 어느 업계에서나 그 업계 정상의 기업이 돈을 가장 많이 벌고 있는 것이 사실이다.

여러분도 꼭, '국내 최대', '국내 제일' 더 나아가 '세계 최고'를 목표로 하라. 그러면 당신의 회사는 곧 세계적인 기업인 도요타 같은 회사가 될 것이다.

틈새시장에서의 정상은 곧 국내 정상의 자리에 오르는 것과 같다.

명확한 판로를 찾아라

어디다 팔 것인가

상품이 만들어지면 그 다음에는 파는 일만 남는다. 그러나 이것이 아주 어려운 경우가 있다. 자주 의뢰받는 상담 중 하나도 "상품에는 자신이 있는데, 어디에 팔러 가면 되는지를 모르겠습니다"라는 것이다.

같은 실패를 나도 과거에 몇 번이나 경험했었다. 판매할 상품을 고를 때, 정말 괜찮다 싶은 상품은 몇 개나 봤었다. 그 중에는 아주 좋은 조건에 사들일 수 있는 물건도 꽤 있었다. 그러나 샘플과 카탈로그를 보면서 '이걸 어디에 내다 팔면 되지?'

하는 고민에 빠졌다. 상품은 괜찮은데 마땅한 판로를 생각할 수 없는 것이었다. 사실, 이런 상품을 고른 경우가 최악이라 할 수 있다.

내게 아직까지도 수수께끼처럼 여겨지는 것은 건축재료를 파는 방법인데, 한 번은 "이것은 전국각지의 공공사업에 사용되고 있으니 오사카에서 팔아 주었음 한다"는 의뢰를 받은 적이 있다.

그러나 공공사업이라고 해서 건축재료를 시청의 토목과에 판다는 건 말도 안 되는 얘기다. 큰 종합건설업자에게 가면 "설계 사무소로 가 주시오"라 하고, 사무소에 가면 "아, 이거 괜찮네요. 카탈로그 하나 주세요"라고 한다. 그러나, 그렇게 건네준 카탈로그는 자료 책장에 가득 쌓여 있는 다른 카탈로그들 속에 섞여 들어갔는지, 그 뒤로 연락 한 번 없었다.

물론 그 쪽 방면의 프로라면 여러 가지 방법을 알고 있겠지만, 한 번도 그 쪽 일은 접해 본 적이 없는 초보가 갑자기 취급하려 했으니 판로를 알 길이 없고, 그러니 상품을 팔 수가 없는 것이었다.

무조건 열심히 한다고 잘 되는 것은 아니다

내가 알고 지내던 사람의 철공소도 그랬다. "이제부터는 음식찌꺼기 처리기의 수요가 높아질 게 틀림없다"며 제품을 만들었지만 도대체 어디에 내다 팔아야 할지를 몰라 고민했다.

시청에 팔려고 했더니 당분간 이런 물건을 살 예정이 없다는 것이다. 초등학교에 가면 수요가 있을지도 모른다 싶어서 연줄로 알게 된 어느 학교의 교장선생님을 만나러 갔더니 "제 권한으로는 결정할 수 없습니다"라며 간단히 거절당했다고 한다. 이렇게 되니 두손 두발 다 들어버렸고, 시험적으로 만든 샘플 제품은 공장 구석에서 먼지를 뒤집어 쓰고 있다는 것이다.

여기서 우리는 상품의 좋고 나쁨만이 판매를 결정하는 것이 아니라는 것을 알 수 있다. 아무리 상품이 좋아도 사 주는 사람이 없으면 애초부터 말이 안 되는 것이다. 이럴 때에는 '꾸준히 노력하다 보면 언젠가 길이 열린다'는 생각으로 마냥 열심히 하는 것만이 능사가 아니다. 아무리 꾸준히 노력해도 '구매자'가 나타나지 않으면 팔 수가 없기 때문이다.

신규사업을 시작할 때, 또는 제조업 쪽 사람이 자기 회사의 기술을 써서 전혀 다른 분야의 상품을 만드는 경우에 주로 이

용 꼬리보다는 뱀 머리가 된다는 생각이 중요하다

회사의 경영자가 되거나 영업 마케팅을 할 때 중요한 것은 스케일에 상관 없이 톱이 되어야 한다는 생각이다. 때로 사람들은 무조건 큰 시장, 즉 파이가 큰 곳에 가야 부스러기라도 얻어 먹는다고 생각한다. 그러나 이런 마음가짐으로는 평생 남의 뒤만 쫓아다니면서 작은 이익에 만족하는 수밖에 없다. 그러니 일단 무조건 톱이 되어야 한다. 작은 틈새시장에서라도 일단 최고가 되어야, 더 큰 시장을 노릴 수 있기 때문이다. 용의 꼬리가 되느니 뱀의 머리가 되겠다는 생각이 자신의 회사를 도요타 만한 회사로 만드는 첫걸음이다.

런 낭패를 본다. 잘 팔리는 상품들의 특징 중 하나는 '명확한 판로' 라는 점을 기억해 두도록 하자.

구매자는 어디에 있나?

영업방법에는 여러 가지가 있는데, 판로에 따라 각각 그 방법이 달라진다. 텔레마케팅이 좋다든지, 다이렉트마케팅 방법 중에서도 팩스를 이용하느냐, 아니면 안내장이나 전단지를 이용하는 것이 효과적이냐 등등의 여러 의견이 마케팅 전문가 사이에서도 논쟁거리가 되고 있다.

그러나 중요한 것은 '어떤 방법을 쓰는가'가 아니라, '얼마나 작은 경비로 구매자에게 다가갈 수 있는가'이다. 경비가 적게 든다 해도 효과가 없으면 마케팅의 의미가 없고, 어느 정도 효과는 있어도 경비가 너무 들면 수지가 맞지 않아서 이윤이 남지 않는다.

나는 지금까지 여러 가지 상품과 서비스를 팔아 봤다. 해 보면 알겠지만, 물건을 잘 파는 방법이란 것은 상품에 따라 완전히 다르다.

예를 들어, 에너지 절약기기를 대기업 공장에 팔려고 할 때는 직접 전화를 걸어서 시설 담당자와 직접 연결하여 통화하는 것이 가장 좋은 방법이다. 직접 시장에 홍보하는 마케팅 전략으로는 그다지 큰 반향이 일지 않고, 신문광고 같은 것은 수지가 맞지 않기 때문이다.

에너지 절약기기의 대리점을 개척할 때는 잡지광고가 제일이었다. 같은 광고라도 신문광고는 전혀 수지가 맞지 않았다는 경험에 비추어 볼 때, 신규개업 정보 등을 전문으로 싣고 있는 잡지에 광고를 낼 것을 추천한다. 그러나 작은 회사, 벤처기업을 상대로 하는 컨설팅 사업일 경우에 가장 좋은 방법은 경영자에게 광고 메일을 보내는 것이다. 이 경우 잡지광고는 전혀 안 먹힌다. 일단 신뢰도의 측면도 있고 잡지를 보는 것은 경영자가 아니기 때문이다.

홍보매체의 주 독자는 누구이고, 그들이 매체에 대해 가지고 있는 신뢰도는 어떠한지도 미리 꼼꼼하게 챙겨보아야 한다. 그리고 이 제품을 사는 것을 결정할 결정권자는 누구인지를 알고 그들을 직접 설득하는 것도 중요한 전략 방법 중 하나이다.

이처럼 상품에 따라 적절한 영업방법은 각각 따로 있다. 따라서 항상 '상품을 팔 곳이 어떤 곳인가?', '구매자는 누구인가?'를 생각하고 행동하기 바란다. 그렇게 하지 않으면 힘들게 노력한 영업활동도 모두 허사가 되어버리기 때문이다.

한줄비법

상품판매를 위해서는 명확한 판로 확보, 상품에 따른 적절한 영업방법이 필수다.

타이완 기업의 시작은 포장마차에서부터

인구 중 사장이라는 직업을 가진 사람이 차지하는 비율이 세계에서 가장 높다고 하는 타이완. 그 사장들이 제일 먼저 손을 대는 사업은 대부분이 포장마차라고 한다. 즉, 자금이 없으면 포장마차를 끌고 나가 볶음밥이나 만두를 팔아서 돈을 모으고, 그리고 나서 제조업 등의 다른 업종을 시작한다는 것이 벤처 대국 타이완의 전형적인 성공 스토리다.

이것은 일본도 마찬가지다. 급성장한 벤처기업은 어느곳이든 처음에는 저가상품을 팔면서 크게 된다. 반대로 갑자기 설비재 같은 거액의 상품을 취급해서 성공한 회사는 그다지 들어본 적이 없다.

이유는 간단하다. 가격이 낮으면 낮을수록 구매자의 입장에선 가격부담이 적은 만큼, 즉시 결정해서 사기 쉽기 때문이다. 게다가 회사 입장에서는 이번 달에 시작해도 월말에는 현금이 손에 들어오기 때문에 자금의 융통이 아주 쉬워진다. 그러므로 중소기업이 성장해 가기 위해서는 저가상품을 늘여 나가면서 서서히 고가상품으로 이동

하는 것이 최고의 선택이라 할 수 있다.

예를 들어 처음엔 5,000엔 짜리 상품을 판다고 하자. 이 정도 가격의 상품이라면 파는 방법이 조금 치졸해도 그런대로 팔릴 것이다. 점차 파는 노하우가 생기므로 다음은 만 엔 짜리 상품을 팔고, 그리고 다음은 3만 엔, 이렇게 단계적으로 올라가는 것이다. 요령을 터득한 후에는 만 엔 짜리를 파는 것이나 3만 엔 짜리를 파는 것이나, 들이는 노력은 마찬가지다. 물론 그와 동시에 파는 물건의 수량도 확대해 나갈 필요가 있다.

이처럼 단계적으로 취급상품의 단가를 올려가는 작전을 취하면 리스크는 아주 작이짐과 동시에, 저어도 1억 엔 짜리 상품을 파는 것만큼 자금난에 허덕일 가능성도 낮아진다. 그러니 고가상품만 취급하고 있는 곳은 반드시 저가상품을 어느 정도 갖춰 두고 저가상품부터 팔도록 하자.

쩨쩨하게 장사하기 싫다는 사람도 있지만, 그것은 빈틈없는 판매망을 만들어 낸 사람만이 할 수 있는 말이다.

처음부터 돈을 너무 들이지 말라

영업자금은 반드시 남겨둬라

"지금과 같은 시대에 어정쩡한 상품은 팔릴 리가 없다. 완벽한 상품을 만들지 않으면 안 된다."

이런 얘기를 자주 듣는다. 확실히 기업도 소비자도 점점 수준이 높아지고 있기 때문에, 어정쩡하게 만든 물건은 팔기 어려운 시대가 되어버렸다. 이런 상황 속에서 벤처기업이 쉽게 닥치는 상황이 있는데, 그것은 상품개발 단계에서 자금을 다 써버려서 영업에 들일 경비의 여유가 없어지는 것이다.

새로운 상품을 시장에 유통시키는 것에는 생각 이상의 경비가 든다. 그러므로 상품개발에서 경비를 너무 많이 써 버리면 회사경영이 아주 어려워지는 것이다. 유통회사도 마찬가지다. 영업자금 없이 신규영업을 한다는 것은 불가능하다. 그 영업자금이 생각한 것 이상으로 들어가기 때문이다.

이런 착오를 벤처만이 저지르는 것은 아니다. "돈이 없으니, 어떻게든 돈 한푼 안 들이고 영업을 할 수 있는 비결을 가르쳐 주십시오"라는 의뢰가 자주 들어온다.

사실 나도 같은 경험을 했었다. 돈을 빌리려 해도 자산이 없다 보니 은행에선 빌려주지 않고, 그러니 영업에 돈 쓰는 것을 주저하게 되는 기분, 나도 잘 안다.

돈이 없으면 텔레마케팅을 철저히 해라

그러나 어떤 상품이든 파는 데에는 비용이 들어간다. 쓸데 없이 돈을 쓰게 되는 일을 줄인다고 해도 최저의 경비가 반드시 들어가는 것이다. 그것이 없으면 아무 것도 안 된다.

아무리 그래도 쓸 수 있는 경비가 정말 없거나, 기존의 인력으로 하지 않으면 안 되는 경우라면 텔레마케팅에 전력을 쏟을 것을 권하고 싶다. 단, 영업은 '숫자와 시간과의 다툼'이니, 무조건 전화 거는 횟수를 늘려야 한다. 바쁘게 돌아가는 회사나 일거리가 없는 회사나, 월말의 월급 지급일은 똑같이 다가온다. '속도와 양'을 상황에 맞추는 일이 가장 중요한 것이다.

돈이 많이 들어서 광고나 다이렉트 마케팅을 할 수 없다면, 무조건 전화를 걸도록 하자. 하루 200건이라든지 300건의 전화를 걸면, 아무리 팔기 어려운 상품이라도 길은 열리게 되어있다. 그리고 이것이 가장 확실하고 견실한 방법이기도 하다.

그것이 싫다면 광고 선전비와 같은 프로모션 비용에 돈을 더 들일 필요가 있다. 그렇게 하지 않으면 이번 월말도 지난 달처럼 자금을 융통하러 이리저리 뛰어다니는 꼴이 되고 말 것이다.

한줄 비법

영업 자금에 여유가 없다면 낮은 비용으로 하는 영업방법을 활용하자.

매일 수입이 생기는 상품을 만들어라

년 1회 팔 수 있는 상품은 취급하지 말라

일전에 동종의 몇 개 회사와 대형설비재의 영업활동을 계획한 적이 있다. 한 대 결정되면 2억 엔의 매상, 그리고 수천만 엔의 커미션이 늘어오는 계획이었나.

영세기업으로서 수천만 엔이 현금으로 들어오는 일이란 아주 매력적인 얘기다. 무조건 팔아 보겠단 생각으로 영업활동을 전개하기 시작했다. 그러던 중에, 여러 사정으로 최종적으로 제조원과의 계약진행이 잘 안 되어서 도중에 그만두게 되었는데, 지금에 와서 생각해 보면 그 때 그 일에 깊게 관여하지 않아서 잘됐다고 생각하고 있다. 왜냐하면, 아무리 노력해도 상품이 고가면 고가일수록 파는 데 더 시간이 걸리기 때문이다.

예를 들어, 억 단위 가격의 설비재를 팔려면 적어도 일 년은 걸린다. 영업을 가서 "좋아요, 내일 사겠습니다"라는 말을 들었다는 일은 지금까지 들어본 적이 없다. 일 년 동안 뛰어다녀서 만에 하나 계약이 성사되면 수천만 엔의 이익이 남지만, 계약을 못하면 매상 제로, 즉 수입이 제로가 된다. 게다가 그동안 열심히 뛰면 뛴 만큼 영업경비는 자꾸 들어가니, 결국 일 년간 자금만 나갈 뿐이다. 이것은 거의 도박과 같은 장사임과 동시에, 작은 규모의 회사에서는 도저히 취급하기 어려운 일이다. 일 년간 수입이 없으면 먹고 살 길도 막막하다.

중소기업은 역시 기본적으로 '일수를 벌 수 있는 장사'를 할 필요가 있다. 한 번 터지면 크지만 리스크가 높은 비즈니스는 일수를 벌면서 자금을 모은 후에 시작하는 것이 좋다.

'재주문'이 쉬운 상품을 찾아라

재주문 가능성을 생각해라

"신규개척 따위는 하고 싶지 않다"고 하는 영업사원은 많이 있다. 실은 나도 그다지 좋아하지는 않는다. 전혀 모르는 곳에 전화를 하거나, 갑자기 찾아가서 영업을 하는 일은 솔직히 말해서 두 번 다시 하고 싶지 않다는 것이 본심이다. 그러나 신규개척을 안내서나 광고에 의존하고 있는 회사도 최근에는 반응이 조금씩 나빠지고 있는 것을 느끼고 있을 것이다.

마케팅 관련 책을 읽으면, '신규고객 개척에 드는 비용은 기존고객에게서 재주문을 받는 것에 필요한 경비의 최저 5배는

든다'라고 적혀 있다. 그러나 이것은 경기가 좋을 때의 얘기로, 지금의 일본과 같이 불황의 늪에서 헤어나지 못할 때에는 최저 10배의 경비가 든다고 하는 전문가도 있다. 실제로 최근 신규고객 개척에 드는 비용은 서서히 증가하고 있는 것이 현실이다. 그러니 신규영업이 괴롭다고 하는 것도 무리가 아니다.

이 문제를 해결할 가장 좋은 방법은 '재주문이 들어오는 상품'을 취급하는 것이다. 이것은 경영을 안정시키는 데 가장 좋은 방법이기도 하다. 극단적인 얘기지만 이런 상품을 메인으로 하면, 신규개척능력이 없어도 한 번 연결되면 얼마 동안은 괜찮다고 하는 경우가 많기 때문에 경영이 안정되는 것이다.

신규고객을 개척하면 그만큼의 수익이 그대로 다음달 매상에 추가된다. 따라서 지금 취급할 상품을 찾고 있다면 가능한 재주문이 들어오기 쉬운 상품, 가능하다면 한 달에 한 번은 주문이 다시 들어오는 상품을 취급할 것을 추천하고 싶다.

아무리 불황이라도 철강 업체나 화학제품 업체가 망하지 않는 이유는, 일정하게 주문이 들어오기 때문이다. 산업자재는 지난달과 비교해서 마이너스는 있어도, 제로가 되는 경우는 거의 없는 것이다. 반대로 건설회사가 불황으로 망하는 것은 '일이 없어졌기' 때문이다. 건설업의 경우 일은 '제로 아니면

100’ 이라는 성향을 갖고 있다. 그렇기 때문에 경영기반이 약한 것이다. 이것은 기계업의 경우도 마찬가지다.

새롭게 취급하고자 생각하는 상품이 있다면, 먼저 ‘재주문이 들어올 가능성’ 의 여부를 체크하는 것을 잊지 말라. 이 때 주의할 것은 ‘일 년에 한 번’ 식으로 주기가 긴 것은 그다지 의미가 없다는 것이다.

또한 손님은 잘 잊어버리기 마련이다. 그런 경우엔 물건을 파는 사람이 전화를 하든지, 안내서를 보내든지 해서 ‘이제 슬슬 바꿀 시기입니다’ 라는 것을 알려주지 않으면 안 된다.

한 번으로 끝나는 물건은 절대로 직판을 하지 말라

다달이 주문이 들어오는 상품을 취급하려고 해도 그런 상품을 찾는다는 것이 그리 간단하지는 않다. 세상 대다수의 상품이 한번 팔면 끝나버리기 때문이다. 그런 때는 망설일 필요 없이 ‘대리점’ 모집을 하자.

판매력 있는 대리점을 가지면, 신규개척의 경비부담이 없어진다. 대리점 관리를 잘 하면 스트레스를 느낄 사이도 없이 매상을 올릴 수 있다. 매상을 더 올리고 싶다면 대리점수를 늘리기만 하면 되니 그리 어려울 것도 없다.

이런 방법을 고수하고 있는 것이 OA기기업체들이다. OA복합기 등은 IT시대의 심볼과 같은 상품이지만 직판을 할 움직임은 전혀 없다. 당연한 얘기다. 복사기 같은 건 한 번 계약하면 5년은 쓴다. 5년간은 재주문 들어올 일이 전혀 없으니 영업방식은 항상 신규개척일 수밖에 없다.

하지만 신규개척 따위에 경비를 들이면 업체는 이윤을 낼 수가 없다. 그러니 절대 직판 따윈 하지 않는 것이다.

한줄비법

경영안정을 위해 재주문의 가능성이 높은 상품들을 취급하자.

'돈 많은 회사'와 거래해라

개인 소비자는 직접 상대하지 말라

소매업이나 소비재를 취급하고 있는 회사의 경우 개인 소비자만을 '손님'으로 생각하고 있는 경우가 대부분일 것이다. 나 같은 경우는 계속 법인을 상대로 장사를 해 왔기 때문에 지금까지 소매업에 대해선 전혀 무지했다. 이래서는 안 되겠다 싶어 소매에 관한 공부를 했는데, 굉장히 재밌다는 생각을 했다. 그래서 소매업에 한번 손을 대 볼까 하고 도전을 해 본 적이 있다.

하지만 거기서 깨달았다. '이렇게 힘들고 괴로운 장사를 하고 있을 순 없어'라고. 잠깐 동안의 경험으로 개인 소비자를 상대하는 장사라는 것이 효율이 아주 나쁘다는 것을 깨달은 것이다.

왜냐하면 '한 번의 구매금액'이 너무 낮기 때문이다. 주택, 생명보험, 자동차 등은 한 번 계약이 성사되면 금액이 크지만, 일반 소비자를 상대로 한 장사는 금액도 낮고, 많이 팔지 않으면 장사의 수지가 맞질 않는다.

점포운영이나 통신판매라 해도 효율은 나쁘고 경비만 든다. 최근엔 인터넷 통신판매 같은 것도 유행하지만, 이것도 '공짜'가 아니다. 판촉을 하려면 광고선전비나 프로모션 비용이 절대적으로 필요하다는 뜻이다.

예를 들어 오프라인 판매라면 몇백엔 짜리 물건을 파는 데도 '점포'가 필요하다. 그 건축비나 월세, 내장, 점원의 인건비 등을 고려하면 신규 출점의 경우 적어도 몇백만, 좀 규모를 크게 하려고 하면 금세 수천만 엔 이상의 경비가 든다.

통신판매의 경우도 운영시스템이나 물류시스템의 구축, 광고나 다이렉트마케팅에 사용되는 비용 등을 고려하면, 결국 대량으로 팔아야만 수지 타산이 맞는다는 계산이 나온다. 판매에 드는 경비만으로도 도산의 위험성이 커지기 때문이다.

따라서 소매점은 규모를 크게 하면 할수록 망할 확률이 커지는 아주 리스크가 큰 장사인 데다가, 소규모의 경우는 손님을 끌어들이는 것이 힘들므로 더욱 냉엄한 것이 현실이라는 것을 염두에 두자.

대량구매가 가능한 고객을 찾아라

이런 상황에서 벗어나려면, 취급 상품이 개인을 상대로 하는 제품일지라도 '법인에 팔 방법은 없는가'를 진지하게 생각하는 것이 가장 빠른 방법이다.

예를 들어 식료품을 취급하는 경우, 레스토랑이나 선술집 등의 외식산업 쪽에 파는 방법에 대해 생각하는 편이 전단지를 뿌려서 손님을 오게 만들려고 생각하는 것보다 훨씬 효율적이다. 업무용이라면 아무리 소규모 음식점을 상대로 한다 해도 일반 가정보다는 구입규모가 훨씬 크다. 패키지도 업무용이라면 간소한 걸로 충분한 경우가 많기 때문에 인쇄비나 디자인비가 크게 절약된다.

또 다른 예로, 꽃집의 경우라면 점포에 앉아서 개인 손님을 끌어모으는 데만 신경 쓸 것이 아니라 기업의 선사품 수요는 없는지, 광고대리점의 이벤트용으로 이용해 주지는 않을지 등을 알아보는 편이 '전단지를 어떻게 만들까'라며 고민하는 것보다 효과가 큰 경우가 있다. 실제로 한 인테리어업자의 경우, 원래는 개인고객을 상대로 한 리모델링이 대부분이었지만 이윤이 적어지자 점포의 인테리어 공사에 전력투구함으로써 영업실적이 회복되었다는 사례가 있다.

또한 자사상품을 개발하면 동업종의 점포를 상대로 '도매'가 가능해진다. 이렇게 되면 지금까지 라이벌 관계에 있던 회사에 물건을 팔게 되므로 회사로서는 레벨이 한 단계 상승하고 매상금을 올리는 것도 쉬워진다.

이처럼 개인소비자를 얼마나 오게 만들 수 있을까를 고민하기 전에, 법인수요를 개척하는 데 힘을 쏟는 편이 성공할 확률이 크다. 그러니 법인시장에 들어갈 수 있는 방법에 대해 진지하게 생각해 보자.

한줄비법

개인고객보다 법인고객을 개척하는 것이 훨씬 효율적이다.

손님이 많이 있는 곳을 물색해라

시골에 있으면서 도시를 공략해라

영업을 시작할 때 보통은 자신의 회사가 소재하고 있는 지역부터 공략하기 마련이다.

예를 들어 나는 오사카에 사무실이 있었기 때문에 치음에는 오사카 구매자를 타겟으로 시작했다. 지방이면 영업이 좀 쉬울 것처럼 생각하겠지만 실제로 해 보고 느낀 것은, '지방'에서의 영업도 어렵다는 것이다.

나는 먼저 '오사카에 있으면서 도쿄 손님을 잡으려면 어떻게 하면 좋을까?'를 고민했다. 장사를 하는 데 있어서 큰 시장이 작은 시장보다 절대적으로 유리하기 때문이다.

금요일 밤 번화가의 큰 거리를 걸어 보라. 그곳에서는 비싸고 맛없는 가게라도 만석이거나, 기다리는 사람들로 북적거린다. 그러나 인적이 드문 곳에 있는 음식점은 아무리 노력해서 맛있는 음식을 내놓아도 좀처럼 손님이 오지 않는 경우가 많다. 이것은 모든 장사에 공통적으로 나타나는 현상이다.

내가 지금 하고 있는 컨설팅업에서도, 오사카의 시장규모는 도쿄에 비해 100분의 1에 지나지 않는다고 한다. 즉, 오사카에서 아무리 애를 써도, 도쿄에서 동종의 일을 하고 있는 사람과 같은 수익을 올리는 것은 불가능하다는 얘기다. 그래서 나는 '오사카에 있으면서 도쿄 사람들과 장사를 하기 위해선 어떻게 하면 좋을까?' 만을 생각해 왔다. 그리고, 그 때 내린 결론이 내가 주도하는 모임인 '매상증진연구회'의 구조였다.

'매상증진연구회'는 인터넷에서 사람을 회원제로 모은 뒤, 전화나 FAX로 서포트를 하는 구조다. 이 방법이라면 본인이 어디에 살고 있든지 전국 누구에게나 장사를 할 수 있다. 즉, 시골에 살아도 대도시 손님과의 거래가 간단하게 이루어진다는 얘기다. 실제로 회원기업들의 소재지를 보면, 오사카의 비율은 아주 적다.

장사는 손님이 많은 곳에서 해라

장사는 '손님이 많은 곳'에서 해야 한다. 그것이 철칙이다.

특히 지방 쪽은 대도시에 비해 불리한 점이 많다. 지역의 상권만을 의식해서는 도시에 있는 회사를 이길 수 없다. 대부분의 경우에는 '도쿄에서 잘 팔리는 물건을 갖고 와서 지역에서 팔자'라는 발상에서 벗어나지 못하는데, 그것보다는 '지역에서 잘 팔리는 것을 도쿄에서 팔려면 어떻게 하면 좋은가?'를 생각해야 한다는 것이다. 도쿄시장이 작다고 생각된다면 해외시장에서 팔겠다는 생각을 해야 한다.

돈을 벌고자 한다면 큰 시장으로 진출하는 것이 가장 빠르지만 '진출한다'는 것이 언제나 '도쿄로 이사한다' 혹은 '도쿄에 가게나 사무실을 낸다'는 것을 뜻하는 것은 아니다. 이상적인 것은 '지역에 있으면서 도쿄시장에 진출한다'는 것으로, 도쿄에는 한 번도 가지 않고 도쿄에 있는 회사와 거래를 하는 것이다. 말하자면 통신판매나 대리점 개척 형식의 방법이다.

통신판매회사의 카탈로그를 잘 보면 대다수의 본사가 지방에 있는 것을 깨달을 것이다. 지방에 있으면서 전국의 손님들을 타겟으로 할 수 있기 때문에, 굳이 본사를 사무실 월세가 비싼 도쿄의 치요다구나 오사카시 츄오구에 둘 필요는 없는 것이다. 나머지는 아이디어와 실력에 좌우되므로 지방이라는 점이 핸디캡으로 작용할 일은 없다.

따라서 '뭔가 이 지역에서 팔릴 만한 게 없을까'를 고민하면서 정보수집을 할 것이 아니라 '지역의 물건'이나 '자기 회사에서 취급할 수 있는 것' 중 '도쿄나 전국의 시장에 내다 팔 수 있는 것은 무엇이 있을까?'를 고민하자.

이런 고민은 기업의 매상증진만이 아니라, 지역활성화에도 반드시 필요한 것이다. 당신이 지방에서 사업을 할 것이라면, 당신의 회사만 생각할 것이 아니라 반드시 지역활성화도 고려하며 비즈니스 모델을 연구하도록 하자.

한줄비법

물건은 대도시, 고객이 많은 곳을 공략해 팔자.

손쉬운 장사구조를 만들어 내라

언제나 바쁘게 일하는 당신, 왜 적자인가

나는 오사카에서 살고 있지만 고객은 전국 각지에 있다. 가장 많은 곳은 도쿄를 중심으로 한 수도권, 다음이 나고야를 중심으로 한 중부권이다. 내가 살고 있는 관서지방이 매상전체에서 차지하는 비율은 아주 작다. 또한 개인고객은 거의 없고 대부분이 법인이다.

이런 식의 장사를 하고 있으면 '출장경비가 많이 드는 거 아닐까?' 하고 걱정하는 분도 있을 것이고 교통비보다 이동시간의 손실이 맘에 걸리는 분도 있을 거라 생각한다. 사실 나도 이

전에는 법인을 상대로 영업을 해왔기 때문에, 영업이란 손님이 있는 곳에 가서 면담을 하는 일이라고 생각하고 있었다. 그러나 이 방법이 상황에 따라서는 아주 비효율적일 수도 있다는 것이 드러났다.

지금은 사무실에 직원들이 있어서 내가 부재중이라도 업무에 큰 지장은 없지만, 독립 초기에는 내가 외출하면 사무실은 뱀이 벗어놓은 허물 상태와도 같았다. 고객의 사무실에서 상담 중에도 사무실에서 내 휴대폰으로 바로 전송된 전화가 걸려와서 모처럼의 비즈니스 찬스도 전화를 받지 못해 놓쳐버리는 일이 반복되었다. 이런 식으로 하다간 언제까지나 제자리 걸음으로, 바쁘게 일해도 돈은 안벌리는 악순환에서 탈출할 수 없다.

또한 영세기업의 경우 노동집약적인 산업이 많아서, 매상을 올리기 위해서는 노동 시간을 늘리는 일밖에 방법이 없다. 그렇지만 늦게까지 열심히 일해도, 혼자서 할 수 있는 일에는 한계가 있다. 바쁘기만 할 뿐 돈은 전혀 안모이고, 오히려 경비만 나가는 악순환이 계속되는 것이다.

확실히 영업효율을 좋게 하기 위한 노력은 필요하다. 그래서 나는 효율적으로 방문하고, 가능한 많은 손님에게 어프로치할 수 있는 방법론이나 테크닉을 배워왔다.

그러나 영업효율이 좋아지면 주문받는 양이 늘어나지만 소화할 수 없다는 문제도 발생하였다. 그렇다고 사람을 고용할 여유는 없었기 때문에 그 후 얼마 동안 그런 딜레마가 계속되었다.

노동집약형 사업을 통신판매 사업으로 바꾸는 방법

당시의 내 일은 에너지 절약형기기의 대리점 전개와, 그 성공사례를 보고 컨설팅을 의뢰해 온 기업들에게 개별적으로 컨설팅 지원을 하는 것이었다.

컨설팅이라는 일은 노동집약형 산업의 전형이다. 손님이 늘면 늘수록 바빠지고, 일이 넘친다. 특히 오사카쪽의 보수는 다른 지역에 비해 싸기 때문에, 적당량을 소화시키지 않으면 회사를 경영해 나갈 수 없다. 게다가 도쿄에 빈번히 출장을 가기라도 하면 몸 하나로는 업무를 감당하기 어려울 정도가 된다.

나는 '뭔가 좋은 방법은 없을까'를 생각하다가 한 가지 결론에 도달했다. 오사카에 있으면서 전국의 회사와 연계할 수 있는 비즈니스 모델을 생각하면 되는 것이다. 실제로 그것을 하고 있는 회사가 있는데 그것이 바로 통신판매 회사다.

그러나 내가 하고 있는 장사는 에너지 절약형기기의 판매라든지 컨설팅 같은, 손이 많이 가는 노동집약형이기 때문에 통신판매와는 관계가 없는 세계라 생각했었다. 그러나 실제로 조사를 해 보니 반드시 그렇다고만은 할 수 없을 듯했다. 그래서 나는 대리점 모집을 위해 일일이 출장을 가서 상담하기보단 '대리점 패키지'를 만들어서 판다는 발상으로 전환했다. 이것도 일종의 통신판매인 것이다.

컨설팅업도 마찬가지다. 동종업계의 선배들을 보면 돈을 벌고 있는 컨설턴트의 경우는 자신의 노하우를 패키지로 팔고 있다. 일종의 통신교육과 같은 시스템을 활용하고 있는 것이다. 이렇게 하면 전국을 타겟으로 비즈니스를 할 수 있다. 거기에서 한걸음 더 나아가 그것을 패키지화해서 한 개의 콘텐츠를 만들면, 나중엔 그것을 복사해서 팔기만 하면 되기 때문에 제품의 완성이 손쉽다는 장점도 있다.

이렇게 하면, 패키지를 파는 것으로 기본적인 수익을 얻을 수 있으므로 무리해서 싼 일거리를 맡지 않아도 회사운영이 좋아진다. 결국, 패키지가 팔리는 만큼 수익도 올라간다는 논리가 성립한다. 그리고 이것은 주문을 받고 생산에 들어가는 노동집약형 산업을 하고 있는 분에게도 해당되는 논리이다.

　꼭, 뭐가 됐든 이 같은 패키지 상품을 만들어 보자. 일단 만들면 그것은 그것대로 팔리기 때문에, 경영이 훨씬 편해질 것이다. 더구나 노동집약형의 경우라면 무리해서 싼 값의 주문을 받을 필요가 없어지므로 이전보다 수입이 늘어날 것이다.

한줄 비법

통신판매, 상품의 패키지화 등을 통하여 비즈니스의 효율성을 높이자.

돈이 바로 들어오는 수익 모델을 창출해라

돈을 회수하는 구조를 만들어라

판매구조를 만드는 것과 함께 필요한 것은 확실한 대금회수 구조를 만드는 것이다.

소매업은 기본적으로 현금거래이기 때문에 그다지 이런 걱정을 할 필요는 없을지도 모르겠다. 주의할 점이라 한다면 '외상'은 허용하지 않는 것이고, 통신판매의 경우라면 카드결제나 대금상환을 철저히 해서 외상매출 같은 것은 절대로 하지 않도록 해야 채권의 보전을 기도할 수 있다.

사실, 문제는 법인영업이다. 최근 대금의 미회수율이 급속히 늘어나고 있는 것 같다. 어디에도 돈이 돌고 있지 않는 것이다. 웅장한 사무실을 갖고 있어도 금고는 텅 비어 있고, 은행에 예금은 없지만 빚은 많다고 하는 일이 당연하게 느껴지는 시대다. 그러니 돈을 회수하는 데에 충분히 신경을 써야만 한다는 것이다.

일본의 상업관습에는 결산일, 지불일이라는 것이 있다. 예를 들어 10일에 판 것이라도 그 달 월말에 결산해서, 익월의 말일이 되어야 대금을 회수할 수 있다는 것이 일반적인 지불방식이다. 이 경우에는, 물건을 팔고 나서 50일을 경과한 후에야 대금지불이 이루어지고 있는 것이다.

더구나 회수하는 것은 현금이 아니라 약속어음이다. 즉, 이것이 현금으로 바뀌는 것은 90일 후이거나 120일 후라는 의미다. 결국 아무리 매상을 올려도 그것이 은행구좌에 입금되는 것은 상당히 시간이 지난 후의 얘기가 되는 것이다.

물론 그런대로 세상이 잘 돌아가는 동안에는 이것이 그다지 문제가 되지 않았다. 그러나 지금과 같은 시대에 믿고 있던 돈이 들어오지 않는 사태가 계속되면 아무리 장부상으론 이익이 나와도 돈이 부족해진다. 실은 나도 외상매출금을 받지 못한 경우가 몇 번 있다.

입금기일이 늦어지는 일도 다반사다. 대기업이라면 그 정도 금액쯤이야 늦게 입금되어도 별것 아니겠지만 영세기업의 경우는 아주 적은 금액이라도 들어오지 않으면 타격이 크고, 그 이상으로 화가 난다. 돈 때문에 고생하고 있는 것은 그 회사만이 아니기 때문이다.

일전에 어느 회사에 적지 않은 금액의 상품을 팔았는데 월말 입금예정일, 그것도 은행이 문 닫기 15시간 전에 "미안합니다, 지불을 좀더 기다려 주셔야 될 것 같은데요"라는 전화 한 통으로 회수가 불가능해졌던 일이 있었다. 그렇다고 상품매입처에까지 피해를 줄 수 없어서 어찌어찌 융통해서 처리하고 나니, 남은 돈은 내 월급만큼도 안 됐다.

이 밖에도 지불 날짜에 '소비세 정도 깎아준다면 지불하겠지만, 아님 다음달에 지불하겠다' 라는 전화를 받은 적도 있다. 이런 일을 몇 번이나 겪고 나서야 나는 결심했다.

'외상매출금 같은 건 만들지 않는 장사를 해야겠다' 고.

매매계약서에는 특별한 효력이 있다

그래서 제일 먼저 한 일은 '매매계약서'를 만드는 일이었다.

그 때까지 한 번이라도 체납을 한 곳은 그 후 주문을 받을 때, '계약서를 교환하지 않으면 외상 매출은 불가능하다'는 조건을 제시했다. 그것 때문에 거래가 끊어진 회사도 몇 군데 있지만, 오히려 그 편이 잘됐다고 생각하고 있다. 그 후로 나는 신규거래 시에 외상매출금을 만들지 않도록 했고, 상품을 팔 때는 선금이나 대금상환, 혹은 '연대보증'을 필수로 하는 계약을 하도록 했다.

의외로 이런 '계약서'는 효력이 있다. 더구나 대표자의 연대보증을 받으면, 지불이 지체되는 확률은 격감한다. 꺼리는 회사도 많지만 그렇다고 양보해서는 안 된다. 그런 식의 계약을 하지 않겠다는 회사와는 계약을 안 하면 되는 것이다. 그것이 당신에게는 득이 된다.

다음으로 대금상환을 활용하는 노력을 할 필요가 있다. 대금상환은 수수료가 들지만 틀림없이 회수를 할 수 있다는 장점이 있다. 운송회사에 따라서는 카드결제가 가능한 곳이 있으므로 그것을 이용하면 상대도 자금부담이 경감된다.

내 컨설팅 업무의 매상 중에서 대출상환이 차지하는 비율은 아주 높아지고 있다. 패키지를 팔기 때문에 당연한 것이겠지만, 예를 들어 개별상담에서 어떤 상품을 대출상환으로 팔고, 그 대금에 서비스요금을 부과하는 등의 방법을 활용하면 회수율도 급증하기 때문이다.

이처럼 나는 비즈니스를 서서히 '외상매출금을 만들지 않는 스타일'로 바꿨고, 이렇게 해서 월말에는 입금이 정확히 될지를 걱정하는 일 없이 본연의 업무에 몰두할 수 있게 되었다.

특히 '얼굴을 본 적도 없는 상대에게는 절대로 외상매출을 안 하는 것'이 비즈니스의 철칙이라는 것을 기억하라.

한줄비법

매매계약서 등으로 '외상매출 금지'의 비즈니스 스타일을 만들자.

5장

어떤

판매전략을 가져야

도요타만큼

파는가

호율적인 영업망을 구축해라 | 무턱대고 팔려고 하지 마라 | 다른 사람에게 팔게 해라 | 상대를 필사적으로 움직이게 해라 | 무엇이 상대에게 이득이 되는지를 제시해라 | '당근과 채찍'을 구별해서 써라 | 누구나 호기심을 갖는 광고를 해라 | 초보를 최강의 영업사원으로 바꿔라 | 마케팅을 패턴화해서 효율을 10배로 올려라 | 필요 없는 물건도 사고 싶게 만들어라

효율적인 영업망을 구축해라

DB 마케팅을 활용해라

모든 장사는 주거래처, 즉 손님이 있기 때문에 이루어지고 있다. 아무리 좋은 상품을 취급해도 손님이 없으면 망해버린다.

그러므로 매상을 늘리기 위한 방법은 2가지밖에 없다. 하나는 손님 수를 늘리는 것, 다른 하나는 한 사람 혹은 한 회사에 파는 금액을 올리는 일이다. 중요한 것은 '이 두 가지를 어느 정도 시스템화해 나가는가'인데, 사실 이것이 시스템화되어 있는 회사는 많지 않다.

영업을 효율적으로 운영해나가기 위해서 제일 먼저 할 일은 고객 리스트를 만드는 일이다. 손으로 쓸 것이 아니라 컴퓨터로 작성하자. 회계 프로그램으로 고객관리를 하고 있는 회사도 있지만 영업차원의 고객관리를 하기에는 불충분한 점이 많다. 고객관리 전용 프로그램도 좋지만, 처음부터 비싼 프로그램을 사서 하기보다는 우선은 엑셀이나 액세스로 만들면 좋을 것 같다.

그렇다면, 매상에 직결하는 고객관리 시스템이란 구체적으로 어떤 것일까?

요즘 회사들은 잊고 있지만 에도 시대 상가(商家)에는 훌륭한 고객관리 시스템이 있었다. 그것은 '대복장(大福帳)' 이란 상가의 매매 장부[元帳]이다. 이것을 흉내내면 되는 것이다.

최근엔 미국에서 바로 들어온 데이터베이스(DB) 마케팅이나 원 투원 마케팅 같은 것이 있지만 별거 아니다. 이것은 미국이라는 나라가 하기 전에, 에도 시대 초기부터 일본 장사꾼들이 사용했던 방법이기 때문이다. 이것을 단순히 컴퓨터에서 관리하는 것이 미국의 DB 마케팅이다.

'대복장' 은 각지의 상가나 기업의 박물관에 가면 볼 수 있다. 옛날 토야마의 약장수는 현대의 기업을 초월하는 고객DB를 갖고 있었는데, 이것을 보면 주거래처 한곳 한곳마다 그 주소나 연락처와 더불어 어떤 상품을 언제, 얼마에 팔았는지부터 시작해서 어떤 상품을 희망하고 있는지, 그 곳 주인과 만날 때의 주의사항 등 필요한 정보가 모두 적혀 있다.

그것을 현대에 맞게 컴퓨터로 관리한다고 하면, 다음과 같이 구성된 고객 리스트가 만들어진다.

1. 회사명
2. 부서담당자명
3. 주소
4. 전화번호
5. FAX번호
6. 메일 주소
7. 계약성립 상황, 주문받은 이력 등

이 정도라면 컴퓨터로 간단히 만들 수 있다.

여기에서 중요한 것은 '문의가 있거나, 상담은 했는데 주문까지는 가지 않은 거래처'의 정보도 반드시 입력하는 것이다. 이것이 있으면 처음에는 계약이 성립되지 않은 곳이라 해도, 다른 방법으로 뚫을 수 있기 때문이다.

고객 리스트가 만들어진 다음에 해야 할 것은 그것의 내용 분석이다.

세상에서는 ABC분석이란 이름으로 얘기하지만, 나는 다음과 같은 분류를 권하고자 한다.

> 1. VIP고객 : 글자 그대로 그 회사의 주요 거래처. 매상에서 차지하는 비율이 꽤 큰 거래처
> 2. 단골 고객 : VIP까진 아니더라도 정기적으로 자사상품을 구입해 주는 거래처
> 3. 신규고객 : 처음, 또는 한 번만 구입한 거래처
> 4. 예상고객 : 과거에 문의가 있었다거나 상담은 했지만, 계약까진 성사되지 않았던 곳

영업실적을 올리고 있는 회사의 경우, 고객수를 이 분류의 순으로 배열해 보면 대개가 잘 정리된 피라미드형이 되어 있다. 반면, 일부 고정고객만으로 매출의 대부분을 차지하고 있는 업체의 경우에는 이것이 피라미드형이 되지 않는다. 그러므

로 우선은 '얼마나 잘 정리된 피라미드를 만들까'에 주력해 갈 필요가 있다. 이런 식의 분류를 통해서, 여러 가지 분석을 해 가는 것이다.

예를 들어 '문의나 자료 청구는 많은데 계약성립율이 낮다'면 상대가 확 끌릴 만한 제안을 하지 못했다는 추측이 가능하고, '처음 주문수는 순조로운데, 재주문율이 낮다'면, 상품이 광고만큼 매력적이지 못하다는 것임을 알 수 있다. 그것을 분석해서 개선하는 것이 매상을 늘리는 최대 포인트다.

이것을 정확히 실행하려면 피라미드의 토대가 되는 '예상고객'이나 '신규고객'을 모아야만 한다. 가끔 "5곳의 회사와 상담을 했는데도 계약이 성립된 곳이 한 곳도 없다. 그러니 이 상품은 안 된다"라고 말하는 사람이 있지만, 그것은 너무나 빈약한 토대, 즉 너무 적은 고객수에 기반한 판단이기 때문에 옳은 것이 아니다.

비법

DB 마케팅 시스템을 구축, 분석하며 사업방향을 개선해 나가자

무턱대고 팔려고 하지 마라

판매방법을 결정할 4가지 포인트

상품을 파는 경우에 맨 먼저 고민하는 것이 '직판'으로 할 것인지, 아니면 '루트판매', 즉 대리점이나 판매점을 경유해서 팔 것인지를 결정하는 것이다.

현재의 트랜드는 '직판'이다. 다시 말해, '중간유통을 없애야 이익률이 높아진다'라는 생각이 주류가 되어 가고 있다. 마케팅이나 세일즈 관련 서적의 대부분은 자사점포에 손님을 오게 하는 일이나, 소비자 직판의 방법만을 적고 있다. 그러나 방대한 판촉경비를 지출할 수 없는 회사가 단기간에 매상을 올리고 싶다면, 대리점이나 판매점을 개척하는 편이 훨씬 효율이 좋아진다는 것을 말하고 싶다.

자사가 제조원이거나 판매처인 경우는 대리점 전개부터 시작하는 것이 빠르지만, 어떤 상품을 직판으로, 어떤 상품을 루트판매로 해야 하는지를 구별할 수 있는 다음의 네 가지 포인트를 알아두자.

1. 손님은 '법인' 인가, '개인' 인가?
2. 가격대는 '저가상품' 인가, '고가상품' 인가?
3. 재주문은 있는가, 없는가?
4 상품을 팔기만 하면 되는가, 공사나 관리가 필요한가?

특성이 다르면 판매방법도 바꿔라

예를 들어, 당신이 취급하려는 상품이 주택이라고 하자. 주택의 경우는 마지막 구매자가 개인이고, 꽤 고액의 상품이며, 재주문은 예상되지 않고, 더구나 '공사(公社)' 가 있다는 특징이 있다.

이런 관점에서 보면, 이 경우는 다른 회사에는 없는 특수기술이나 노하우를 만들어서 그것에 기반한 프랜차이즈 지점이나 대리점을 모집하는 편이 직판보다도 훨씬 효율이 좋아진다. 그러한 반면, 개인소비자에게 가정용 정수기를 파는 경우에도 이런 식으로 판매를 하려 한다면 이것이 최악의 비즈니스 모델임을 잘 알 수 있을 것이다.

주택이라면 확실히 영업은 어렵지만 한 건만 성사되면 수천만 엔 단위의 매상이 올라간다는 것에 비해, 가정용 정수기 방문판매는 한 대 팔아도 20만 엔에서 30만 엔이 한계일 수밖에 없다. 더구나 재주문을 기대하기 어렵고 가정에 설치해 주러 가지 않으면 안 되기 때문에 이런 것은 아주 번거로운 상품인 것이다.

이 경우, 전단지를 뿌리든 광고를 내든, 전화영업을 하든 방문판매를 하든, 어떤 방법을 쓴다 해도 순조롭게 팔리게 하는 것은 간단하지가 않다. 오히려 이런 상품을 취급하는 경우라면 주저할 필요 없이 법인을 상대로 할 것을 추천한다. 10대를 셋트로 사 줄 기업은 얼마든지 있다.

한편 법인을 대상으로 판매할 상품들 중, 저가상품 또는 원료관계 때문에라도 일단 한 번 거래를 트면 정기적으로 재주문이 들어오고, 주문이 있으면 물건을 보내기만 하면 되는 것이 있다고 가정해 보자. 이런 경우에는 대리점 전개를 해도 좋지만, 장기적으로 보면 직판을 베이스로 생각하는 편이 이득이다. 처음에만 힘든 일을 잘 넘기면 나중엔 정기적인 주문이 들어오므로, 직판쪽이 이익율이 높아지고 수익성도 향상되기 때문이다.

재주문이 들어오는 상품으로 대리점 전개를 한다면 커미션 제로 해서 처음의 기재나 첫 해의 매상에 대해서만 마진을 지불하고, 서서히 대리점에 지불할 마진을 줄이는 방식을 취할 필요가 있다. 생명보험 외판원이나 대리점에 지불할 커미션, 휴대전화 단말기 등은 이러한 방식을 취하고 있다. 처음 시작할 때의 어려움만 대리점이 이겨내면, 그 뒤의 수익은 독점한다는 식의 작전이다.

이처럼, 상품의 특성을 잘 파악해서 가장 수익이 올라가는 판매방법을 생각하는 것이 필요하다.

상품의 특성을 파악한 후 그에 맞는 판매 방법을 정하자.

다른 사람에게 팔게 해라

자사상품을 가진 당신의 특권을 활용해라

회사를 경영하는 데 있어서 가장 어려운 점은 '신규 거래처 개척'이다.

나도 원래는 이것을 아주 싫어했었다. 전화로 사전방문예약이라도 하려고 하면 거절당하기 일쑤였기 때문이었다. 어떻게 해서 사전에 약속을 하고 방문을 해도 관심 없다는 듯한 담당자가 나오거나, 최근엔 그나마 줄어들긴 했지만 할 일 없는 한가한 아저씨와 차나 마시며 얘기 상대나 되어주게 되니 상담은 진전이 전혀 없다.

가자마자 환대를 받고, 상담도 일사천리로 진행되는 회사의 경우는 뭔가 의심쩍은 부분이 있는 곳이 대부분이다. 자금융통이나 어음 따위를 미끼로 해서 공갈을 하는 폭력단이거나, 신용불안으로 도산 직전이거나 하는 경우도 있다.

영업이라는 건 '상품이 팔려야 가치가 있는' 세계다. 아무리 인간관계를 만들어도 상품이 안팔리면 아무런 의미가 없다. 게다가 아무것도 하지 못한 상태라 해도 월말은 돌아온다. 지불일이 돌아오고 다음 영업회의 날짜가 돌아오는 것이다. '그 때까지는 어떻게 해서든 매상을 올려야지' 하고 초조해 하면 할수록 일은 순조롭게 진행되지 않는다.

이렇게 성가신 영업이라는 것을 간단하게 할 수 있는 방법은 무엇일까?

가장 빠른 방법은 '누군가에게 영업을 맡기는' 것이다. 그렇다. 대리점이나 판매점에 가장 괴로운 부분을 맡겨 버리는 것이다. 자사 오리지널 상품을 갖고 있으면 이처럼 '괴로운 일'을 다른 회사에 떠맡기는 특권을 쓸 수 있다.

이 특권은 사용하지 않는 것이 곧 손해다. 이 특권을 사용하지 않을 수는 없다. '마지막 구매자'나 '최종소비자'에게 팔아서 100만 엔 버는 것보다도, 대리점이나 판매점에 도매해서

100만 엔 버는 편이 훨씬 간단하기 때문이다. 신규개척도 마찬가지다. 마지막 구매자 한 명을 개척하는 것보다도 자사상품을 취급해 줄 대리점을 개척하는 편이 훨씬 간단하고, 누구나 가능하다.

힘든 영업은 가능한 다른 사람에게 맡겨버리는 것이, 수익을 올리는 가장 빠른 방법이라는 점을 기억하자.

판매망의 신진대사를 생각해라

한 번 판매망이 형성된 이후에는 관리만 하면 자동적으로 매상이 올라가는데, 그 때 주의해야 할 것이 하나 있다. 그것은 쉽게 팔리는 상품이나 재주문이 들어올 물건 이외의 것, 즉 팔기 어려운 상품이나 재주문이 없고 언제나 신규개척을 하지 않으면 안 되는 상품의 경우라면 그 판매망은 금방 썩어버린다는 점, 즉 지속되지 않는다는 점이다.

매일 닥치는 대로 영업을 하거나 하루에 몇백 건의 전화를 걸어서 사전예약을 해야만 팔리는 그런 상품은, 아무리 우수한 영업사원이 갖춰져 있는 회사라 할지라도 계속 취급해 나가기 어려운 경우가 많다. 실제로 애써 대리점 개척을 해도, 상품의 반 정도는 추가주문이 없는 것이 현실이다. 그러므로 대리점의 가동상황이나 실제 판매력을 언제나 체크하지 않으면 안 된다. 방치해 두면 매상이 서서히 떨어지는 위험성이 꽤 있기 때문이다.

대리점도 수익을 올리지 않으면 살아갈 수 없다. 따라서 그 밖에 더 간단히 수익을 올릴 수 있는 상품이 있으면, 당연히 그 쪽으로 돌아서게 마련이다. 이 점에 관한 대책으로는 정기적으로 대리점 모집을 하면 될 것이다. 이렇게 항상 신진대사를 원활히 해가면서 최강의 판매망을 구축해 가자.

한줄비법

판매망을 구축, 꾸준히 관리하여 지속적으로 유지시키자.

상대를 필사적으로 움직이게 해라

백발 백중의 프랜차이즈 모집광고

프랜차이즈 모집광고 — 광고에 대한 반응도가 급격히 떨어지고 있는 이런 불경기 가운데, '프랜차이즈 모집광고에는 불황이란 것이 없지 않은가' 라고 생각할 때가 있다.

나도 여러 가지 영업방법을 시도해 봤다. 광고, 다이렉트마케팅, 텔레마케팅 등을 한 적도 있고, 거리에 오가는 사람에게 전단지를 배포한 적도 있었다. 하지만 때로는 반응이 오기도 하지만, 솔직히 말하면 실패하는 쪽이 많은 것이 사실이다. 물론, 어떻게 하면 반응도가 좋아질까를 연구해서 시행착오를 거

쳤기 때문에 다른 사람보다는 성과를 올리고 있다고는 생각지만 지금도 때때로 대실패를 하는 경우가 있다. 그러나 '프랜차이즈 혹은 대리점 모집광고'에서는 지금까지 한 번도 실패한 적이 없다. 그 정도로 반응이 좋은 것이다.

이유는 간단하다. 세상이 불경기이기 때문에 '지금 이대로는 안 된다. 뭔가 더 돈이 될 만한 상품을 취급하지 않으면 안된다'하고 생각하는 사람이 아주 많기 때문이다. 불황이기 때문에 돈이 될 만한 상품의 대리점 모집광고 혹은 프랜차이즈 모집 광고에 사람이 모이는 것인지도 모르겠다.

비즈니스 잡지에 10만 엔 정도 규모의 작은 광고를 내면, 발매한 날부터 전화나 팩스로 문의가 빗발친다.

응모자 중에는 이중이떠중이가 설친다

그러나 기뻐하고 있을 수만은 없다. 문의한 사람 모두에게 기대를 하다가는 큰코 다치는 수가 있으니, 충분한 주의가 필요하다.

대리점 모집광고를 보고 문의해 오는 사람 모두가 충분한 자금을 갖고 사업을 해보려는 것은 아니다. 특히 작은 회사 벤처 기업이 내는 광고에 반응을 보이는 사람의 대부분은 '돈이 없는' 경우가 압도적으로 많다. 그 중에서 휴대전화 사용비를 내기도 어려운 그런 '대표이사'도 보기 드문 일이 아니다. 그리고 그런 사람들이라면 대부분 언변이 뛰어나므로, 자칫하다간 당신이 속아버릴 수도 있다.

일전에 내게 찾아온 어느 회사 사장의 얘기다. 만나서 명함을 교환하고서는 갑자기 여러 장의 명함을 꺼내 놓기 시작했다. 상장기업의 임원, 국회의원부터 'OO 그룹회장'의 비서까지 굉장한 이력의 사람들의 명함, 그리고 "저는 이런 영향력 있는 사람들과 두터운 친분을 갖고 있습니다. 제게 일을 맡기시면 금방 전국으로 전개해 가는 것이 가능합니다"라는 것이다. 그리고 "그 대신, 제 대리점을 총대리점으로 해 주십시오"라든지, "이 가격으론 불가능하니 좀더 싸게 해 주십시오"라든지 하는 식의 요구만 잔뜩 했다. 나는 의심쩍은 느낌이 들어서 "실적을 만들지 않고서는 말이 안됩니다"하고 상황을 보기로 했다. 그 때는, 한 건이라도 성사시키면 마진을 낮추면 된다고 가볍게 생각했다.

그런데 그가 갖고 온 것은 형편없는 얘기뿐이었다. 우선은

"사전 예약을 해 놨으니 프레젠테이션을 해 주셨으면 좋겠습니다. 저는 참석이 불가능하지만 얘기는 해두었으니까 말입니다"라는 전화가 걸려왔다. 말하자면 그가 한 일은 전화로 사전 방문예약을 해 둔 것뿐이고, 그 외에는 나에게 죄다 맡기는 것이었다. 그런데도 "결정되면 매상의 반을 마진으로 달라"로 시작해서 "이번에는 어떤 것인지 천천히 판단하고 싶으니 무상으로 해 달라"라는 등, 또다시 막무가내로 요구사항을 말하기 시작했다.

어쩌다 내가 급한 용무 때문에 휴대전화에 전화라도 하면, '손님의 사정으로 인해 연결되지 않습니다'라는 메시지가 나왔다. 전화비조차도 못 내고 있는 것이었다. 이런 사람들이 정

성공하는 영업사원의 비결

대부분의 영업사원은 열심히 하는 것이 영업의 최대덕목이라고 생각한다. 그런데 과연 그럴까? 그렇지 않다. '누구에게' 파는가에 따라 '성실성'의 효과도 달라진다. 되도록 많이 사줄 사람들에게 되도록 많이 파는 것이 중요하다. 소비자를 많이 확보한 기업에 물건을 파는 것도 전략 중 하나가 될 것이다. 옛말에 '돌 하나씩 옮겨 산을 옮겼다'는 말이 있다. 그러나 이것은 옛말에 불과하다. 지금도 돌 옮겨줄 굴착기 회사에 전화를 걸겠다는 전략이 훨씬 효과적인 시대이다. '성실성'은 이제 더 이상 영업 사원의 최선의 덕목이 아니다.

말 끊임없이 찾아온다.

이 외에도, 카탈로그를 100부 보내달래서 보내면 그걸로 끝인 사람, 샘플 주문가 8,000엔을 못 내서 피해 다니는 사람, 뒷골목에서는 좀 알려진 듯한 사람 등, '100만 엔의 광고로 이만큼 효과가 날까?' 라고 생각할 정도로 많은 사람이 찾아온다.

공짜로는 상품을 주지 말라

하지만 즐겁다고 해도 돈이 되진 않으니, 이런 사람들과 놀고 있을 시간은 없다. 그러므로 처음에 조건을 명확히 설정할 필요가 있다. "이 상품을 취급하는 데 있어서 공짜는 안 됩니다" 라고 처음부터 정해 놓자. 한마디로 말하면 '대리점 가맹금' 을 받거나, '처음부터 어느 정도 재고를 사도록' 하는 방법을 취하는 것이다.

단, 이런 조건을 내걸 때는 일정의 규칙이 있다. 나는 이것을 '3만, 30만, 100만의 법칙' 이라 부르고 있다.

우선, 샐러리맨이나 주부의 부업 정도로 할 수 있는 대리점을 모집하는 경우를 보자. 이런 경우는, 최저 3만 엔 정도는 재고를 사게 하는 것이 좋다. 단, 이 경우 한 건당 판매력은 그다지 대수롭지 않다는 것을 기억하자. 기껏해야 월 10만 엔에서 20만 엔 정도의 매상이 올라가면 만족하는 정도다. 재주문이 들어올 가능성이 높은, 예를 들어 건강식품을 취급하는 가게의 경우 사람들의 입소문만으로 점포수를 많이 늘려가고 싶다면, 적은 자금으로 하는 개인 대리점을 무조건 가능한 한 많이 모으는 것이 포인트다.

다음에는 본업으로 꼼꼼히 잘 팔아줄 회사나, 개인이라도 그것을 생계수단으로 할 사람을 찾는 경우가 있다. 이 경우는 처음에 최저 30만 엔 이상, 가능하면 50만 엔 정도의 금액을 받을 수 있는 시스템으로 할 필요가 있다. 이유는 두 가지다.

먼저, '전혀 돈이 없는 곳'을 배제하는 것이 목적이다. 휴대전화 요금조차 못 내서 쩔쩔매는 회사와 거래관계를 맺으면, 당신까지 휴대전화 요금을 못 내게 될 가능성이 있다. 거기에 덧붙여, 최근 늘어난 이 쪽 방면의 사기꾼 등을 배제시킬 수 있다는 장점도 있다. 즉, 처음 단계에서 지불능력을 어느 정도 체크하기 위해서라도, 최저 이 정도의 돈을 지불하는 곳만 비즈니스 동반자로 할 필요가 있는 것이다.

또다른 목적은 '필사적으로 팔게 하기' 위해서다. "카탈로

그만 받고 싶다"라든지, "샘플을 무료로 달라"든지 하는 회사들의 대부분 좀 해 보고 안 되면 그걸로 끝이다. 금방 다른 제품에 눈을 돌리게 되는 것이다. 그런 곳과 거래를 한다는 것은 분명히 말해서 시간 낭비다. 그러니까 필사적으로 팔아줄 곳하고만 거래를 할 필요가 있는 것이다. 30만 엔 이상의 경비를 부담하면, 좀 해보고 안 된다고 해서 그렇게 간단히 포기하는 법이 없다. 어떻게 해서든 원금을 빼기 위해 필사적으로 움직이게될 것이고, 필사적으로 움직이게 하는 금액, 그 최저기준이 대략 30만 엔 정도다.

판매망 구축의 최고 비법

'특별가격으로 사게 해 달라' 라든지 '이 지역은 우리가 독점적으로 할 수 있게 해 달라' 라는 의뢰는 반드시 들어온다.

그러나 그런 괜찮은 사업을 누구에게나 공짜로 하게 해 줄필요는 없다. 어느 정도 자금적으로 여유가 있는 회사나 영업능력을 가진 회사에게만 할당량과 세트로 넘기는 것이 철칙이다. 그러기 위한 보증금이나 권리금으로 최소한 100만 엔 이상은 처음에 받도록 하자. 이것이 100만 엔 코스다.

이것은 '30만엔 코스 대리점'에서 제멋대로 요구해 올 때, "그렇다면, 이 코스로 변경해 주십시오"하는 들러리용으로도 사용할 수 있다.

물론 지역 총대리점의 경우처럼, 기대할 수 있는 비즈니스 규모가 큰 경우에는 더욱 큰 금액으로 하자. 조그만 아이디어 상품이라도 지역 총대리점의 권리가 1,000만 엔을 넘는 것은 결코 드문 것이 아니다. 참고로 '한 회사에 영업을 전부 맡겨서, 자신은 제조만 한다'라는 수법은 추천할 수 없다. 그렇게 해 버리면 당신은 단지 '하청업자'가 되어버리기 때문이다.

경영의 독립을 지키기 위해서도, 전 매상에서 차지하는 한 회사의 매상은 절대로 10%를 넘지 않도록 조정하는 것이 판매망 구축의 철칙이라 할 수 있다.

비법

대리점 모집을 할 때에는 경영의 독립을 지키는 방법을 사용하라.

무엇이 상대에게 이득이 되는지를 제시해라

'이득'은 상대에 따라 바뀐다

아무리 좋은 상품이라도 그것을 취급해 주는 회사가 없으면 활용되지 않는다. 어떻게 하면 많은 회사가, 적극적으로 자사 상품을 취급해 줄까? 많은 회사가 이 단계에서 고민한다.

어느 업체 사장이 상담을 해 왔다.

"이번에 재미있는 상품을 개발했습니다. 이걸로 전국 대리점 전개에 나서고 싶은데, 어떻게 하면 좋을까요?"

이런 것에 대한 서포트는 내가 가장 자신 있어 하는 분야라서 "어떤 상품인가요?" 하고 물었더니, 사장은 이것저것 설명하기 시작했다. 한마디로 말해서 "무조건 종래의 상품보다도 고성능의 물건입니다"라는 것이다.

상품에 대한 설명을 해 보라고 하면 대부분의 사람들이 상품이 얼마나 굉장한지, 다른 회사 것과 비교하는 데 전력투구하지만, 실은 그것만으론 팔리지 않는다. 물건을 팔 때 가장 필요한 것은, '돈을 지불하는 사람에게 주어지는 이득'이다.

이것을 고려하면, 상대에 따라 어필할 내용이 바뀐다는 점을 알 수 있다. 즉, 똑같은 상품이라도 마지막 구매자에게 팔려고 할 때와, 판매점에 팔 때와는 전개방법이 전혀 다르다는 것이다.

소비자에게는 '이득이 무엇인가'가 중요하다

마지막 구매자나 소비자에게 팔 때의 포인트는, '사용하는 사람에게 있어서 어떠한 이득이 있는가?'이다. 다시 말해서, '이 상품을 사용하면 어떤 것이 가능한가?'를 전면에 내세우는 것이다. 편리해지는 것인지, 경비 삭감에 도움이 되는지, 멋있어지는 건지 등등이 '상품 사용에 따라 얻을 수 있는 이득'이다.

하지만 '종래의 상품에 비해 처리속도가 몇 퍼센트 올랐다' 라는 것은 이익이 아니다. 기술적인 발전 같은 것은 '무엇이 가능한가?' 를 증명하는 수단 중 하나에 지나지 않기 때문이다. 이렇게 말하면 기술 분야 종사자의 기분을 상하게 할지도 모르겠지만, 고심해서 개발한 부분을 더욱 인정받기를 원하기 때문에 많은 사람들은 기능이나 기술 부문을 강조하는 카탈로그나 판촉자료를 만드는 것이다.

물론 이런 노력은 반드시 필요하다. 'OO가 가능합니다' 라는 말만으로는 오히려, 그 상품이 좋은 물건일수록 의심을 살 수 있기 때문이다. 이런 의심을 떨쳐버리게 하고, 그만한 가치를 증명하는 수단으로서 기능이나 기술 부문은 필요한 것이다.

그러나 어디까지나 가장 중요한 것은 '구매자가 이 상품을 샀을 때의 이득' 이라는 것을 다시 한 번 강조한다.

대리점에게는 '이윤'과 얼마나 '팔기 쉬운가'를 강조해라

판매점 개척을 할 때는 영업전개 방법이 완전히 다르다. 이때 전면에 내는 것은 '구입자의 이득' 이 아닌, '이 상품을 취급할 때의 이득'이다.

방법은 몇 가지 있지만 가장 중요한 말은 "이것을 취급하면 얼마를 벌게 됩니다"이다. 그리고 두 번째로 중요한 말은 "팔기 쉽습니다"라는 것이다. 구체적으로 대리점의 실적 같은 것을 열거하면 효과가 있다.

비즈니스 잡지 등에 실린 대리점 모집광고를 보면, 상품기능이나 상품설명은 그다지 자세하게 쓰여져 있지 않다. 열거되어 있는 문구는 '불황에도 고수익', '자격 불필요', '시대를 앞서나가는', '앞으로 유망한 사업입니다' 등, 취급하는 사람에게 어떤 이득이 있는지를 전면에 내세우는 것들뿐이다. 이것이 대리점을 하는 사람이 가장 신경 쓰는 점이기 때문이다.

그 점을 생각해서 판매활동을 하면 "우리가 취급하게 해 주십시오"라는 전화가 빗발치게 걸려오기 시작할 것이다.

한줄비법

상대가 얻게 되는 이득에 초점을 맞추어 영업을 전개하라.

'당근과 채찍'을 구별해서 써라

공짜로 끝나는 일은 아무것도 없다

대리점을 모집하면 실제로 여러 곳에서 접촉을 시도해 온다. 광고를 내서 문의나 자료청구가 쇄도하면 그것만으로도 기분은 날아갈 듯하다.

그러나, 이것만은 기억하자. 대리점 모집광고에 반응하는 사람 중 90% 이상은 '편하게 돈을 벌고 싶다'는 사람이다. 즉, 힘든 영업은 하고 싶지 않아 하는 사람들인 것이다. 전화를 해 오는 사람들 중 대부분은 '지금 취급하는 상품으로는 돈이 안 되는데…… 더 손쉽게 이익을 올릴 상품은 없을까?' 하고 찾고 있는 사람들이다. 행여라도 이처럼 안이하게 상품을 물색하는 곳과 계약을 해서는 안 된다.

대리점을 고를 때 가장 중요한 것은 '자사상품' 을 필사적으로 팔아줄 회사와 계약을 하는 것이다. 판매능력이 없는 회사나, 필사적으로 물건을 팔려는 의욕이 없는 회사와는 계약을 한다 해도 시간낭비일 뿐이다. 대리점을 모집하면 이런 요구를 해오는 곳도 있다.

"영업을 해보고 싶은데, 카탈로그를 100부 정도 주실 수 없을까요?"

"흥미를 갖고 있는 구매자가 있으니 함께 가주시지 않겠습니까?"

그러나 이런 요구에는 절대 응해선 안 된다. 처음부터 조금의 위험도 감수하지 않고 카탈로그나 샘플만을 공짜로 가지려 하는 곳은 몇 번 해 보고 반응이 그저 그러면 금방 영업활동을 그만둬 버리기 십상이다. 이처럼 위험을 감수하지 않는 회사와 거래를 한다는 것은 결국 시간만 낭비하는 것이다.

다음으로, 전단지나 카탈로그, 동행방문 등의 대리점 지원 서비스는 '유료화' 할 필요가 있다. 이것은 '대리점' 이 자립하도록 하는 데 반드시 필요하다. 원하는 것을 다 해주다가는 여러 가지 부담이 결국은 공급원인 당신에게 돌아오기 때문이다.

지원서비스 유료화를 주저하는 회사는 많지만 그럴 때 나는 이렇게 묻는다.

"무엇을 위해서 판로를 개척하십니까?"

당연히 상품을 팔아서 '이익을 올리기 위해' 하고 있을 것이다. '자기는 손해를 보고 대리점은 이익을 보게 하기 위해' 사업을 하고 있는 것은 아니지 않은가. 그러니 필요 이상의 대리점 지원으로 적자가 나서는 아무런 의미가 없다는 것이다.

이보다 경비가 더 드는 것이 동행방문이다. 이 세상에서 가장 비싼 것은 인건비다. 사장인 당신이 동행을 했을 때 그것을 인건비로 환산하면 꽤 적지 않은 금액이 되는 것이다.

물론, 동행 방문에 일당을 받겠다고 하면 틀림없이 대리점으로부터 비난을 받는다. 그러나 생각해 보자. 상품을 공짜로 건네줘도 손실은 '제조원가' 뿐이지만, 사람이 움직이면 '인건비, 교통비' 등의 경비에다가 '그 외의 일을 할 수 없다' 는 이중의 부담이 가해진다. 그것을 무료로 해준다는 것은 언어도단이라고 생각하지 않는가? 무료봉사는 지역사회의 봉사활동만으로 충분하다. 비즈니스 세계에 공짜로 끝나는 일은 없다는 것을 명심해야 할 것이다.

리스크를 항상 공매해라

대리점이 될 곳이 가장 걱정하는 것은 다른 대리점과의 배팅, 그리고 손님이 자신들을 제쳐두고 직접 총대리점이나 본사에 접촉을 하게 되는 일이다.

이것을 저지하기 위해 '지역 총대리점 계약'을 하게 해 달라고 요구해 오는 곳이 적지 않다. 이것은 어떤 의미에선 괜찮은 방법이다. 특히 본사에서 멀리 떨어진 대리점의 경우라면 자사 직원들이 전부 커버하는 데 한계가 있기 때문이다. 그러나, 그냥 단순히 맡겨버리는 것은 리스크가 너무 크다. 어떤 한 대리점에 그 지역의 판매를 맡겨버리면 좀더 좋은 대리점을 개척할 기회를 잃어버리기 때문이다.

정말로 그 회사가 생각대로 판매를 해 줄지 어떨지는 실제로 해 보지 않으면 모르는 법이다. '총내리점 계약을 했지민, 전혀 팔지 못해서 거추장스러울 뿐이다'라는 일도 드물지 않다. 이런 리스크는 반드시 피해야 한다.

여기서 '보증금과 할당량을 정하는' 일이 필요해진다. "6개월 단위로 할당량을 정해서, 그것을 달성하지 못하면 총대리점의 권리를 박탈합니다. 그 때, 처음에 받은 보증금은 반환하지 않습니다. 반대로 초과 달성한 경우는 수수료가 늘어납니다"라는 계약을 해 놓고서 '총지역 대리점'을 맡기는 것이다.

이것은 어떤 의미론 '야비한' 방법이다. 또한 이런 조건을 제시하면 '수전노'라 비난하는 사람이 틀림없이 있을 것이다. 그러나 그런 압박감에 못 이겨서 해달라는 대로 다 해주며 영업실적을 올린 곳을 나는 본 적이 없다.

혹시 이런 비난을 들었을 때는 "저희는 옛날부터 이런 시스템으로 되어 있습니다. 다른 곳도 같은 조건으로 부탁드리고 있습니다"라며 정색을 하자. '시스템'이란 말에 사람은 의외로 약한 법이다. 이상하게도, 그런 말을 들으면 '시스템이라면 어쩔 수 없지'라고 생각해 버리는 것이 사람이다.

대리점을 통해서 성장하고 있는 회사는 이런 '당근과 채찍'을 구별해서 쓰는 것이 중요하다.

한줄비법

비즈니스 세계에 공짜로 끝나는 일은 없다.

누구나 호기심을 갖는 광고를 해라

타겟에게 확실히 전해지고 있는가?

최근에는 신문이나 잡지에 광고를 내도 좀처럼 반향이 일지 않는다고 한다. 하지만 그 예외에 해당하는 것이 대리점 모집 광고다.

나도 대리점 모집광고를 이전부터 몇 개의 매체에 내고 있다. 그렇게 큰 광고도 아니고, 비즈니스 잡지의 경우 광고료는 신문 등에 비교하면 가격이 싸다. 내가 내는 광고는 대략 10만 엔이나 20만 엔 정도의 것인데, 그렇게 하면 한 번에 20건에서 30건 정도의 문의나 자료청구를 해 온다. 10만 엔 짜리 광고에

1건 계약이 성립되면 원금은 빠지므로 매번 틀림없이 원금은 빠지는 격이 되니, 안 하면 손해라는 느낌이다. 물론 어느 정도의 반향이 올지는 업종이나 상품에 따라 전혀 달라지지만, 동업종 타사의 유사상품이나 서비스와 비교해서 큰 반향을 일으키기 위한 포인트는 다음과 같다.

하나는 '타겟이 되는 사람에게 확실히 전달되고 있는가?' 라는 것이다. 대리점 모집광고뿐만 아니라, 광고를 내서 실패하는 최대원인은 타겟 대상 없이 게재한다는 것에 있다. 이렇게 말하면 '일본경제 신문이나 아사히 신문에 실어도 반향이 없다. 그런 신문이라면 타겟이 되는 사람이 읽고 있을 것 아닌가?' 라는 반론이 있을 수 있다.

그러나 신문을 사는 사람은 광고를 보기 위해 구독하는 것이 아니다. 그러니 어제 조간에 어떤 광고가 실려있었는지를 물어도 기억하고 있는 사람은 거의 없다. 아마도 여러분도 그러리라 생각한다. 광고란에서 신경이 쓰이는 것은 라이벌 회사의 광고 정도다. 하물며, 대리점 모집광고를 찾으려고 신문을 사는 사람이 얼마나 있을 것 같은가?

그러니 불특정 대다수의 사람에게 발신하는 광고는 손해인 것이다. 더구나, 광고료는 대개 부수로 정해진다. 발행부수가 많은 전국 일간지의 광고료는 꽤 고액이 들어간다. 금액 만큼의 효과가 나타나지도 않는데 고액의 광고료를 지불하는 것은 정말 바보 같은 얘기다.

광고를 낸다면 타겟을 좁힌 매체 쪽이 비용대비 효과는 절대적으로 높다. 예를 들면, 새로운 상품재료나 신규사업을 모색하고 있는 사람을 상대로 한 잡지를 들 수 있다. 이런 잡지는 큰 신문에 비해 발행부수는 적어도, 구독자가 광고를 봐 주었으면 하는 타겟과 일치한다. 그러니 반응이 있는 것이다. 더구나 광고료는 전국지의 몇 분의 일에 지나지 않는다.

즉, 잡지든 신문이든 '타겟이 되는 사람이 어느 정도의 비율로 구독하고 있는가?'를 생각하지 않고 광고를 내면 돈만 엄청 쓰게 되는 것이다.

이득에 관한 부분이 정확히 전달되고 있는가?

광고에 있어 또 하나의 포인트는 '본 사람에게 이득에 관한 부분이 어느 정도 전달되고 있는가?'이다. 상품의 사진과 기능의 특징이 쓰여져 있고, 구석에 '대리점 모집'이라고 달랑 한

줄이 적혀 있는 광고 — 당신은 이것을 보고 '해 보고 싶다' 라는 생각이 드는가? 그런 생각이 안들 것이다. 다른 사람도 마찬가지다. 이런 광고에 반응하는 사람은 거의 없다.

어째서일까? 여기까지 읽은 분이라면 알 것이다. 그렇다. '대리점을 하면 이러이러한 이득이 있다' 라는 느낌이 들지 않기 때문이다.

대리점을 하고 싶은 사람에게 상품의 특징이나 기능은 둘째 문제다. 가장 관심이 있는 것은 '얼마나 돈을 버는가' 다. 여기서 실패하는 사람이 아주 많은 것이다. 상품의 특징을 줄줄이 써 놓거나, 사진을 크게 싣거나 하는 것만으로 문의를 해 오는 사람은 아무도 없다.

연락방법은 팩스나 이메일로

연락방법도 의외로 중요하다. 나는 반드시 '자료청구는 팩스 또는 이메일로' 라고 명기하고 있다. 이렇게 적혀 있으면 대부분의 사람이 이 중 어느 쪽으로든 연락해 올 것이다.

갑자기 전혀 모르는 회사에 전화를 거는 것은 꽤 꺼려지는 법이다. 하지만 이메일이나 팩스라면 비교적 가볍게 연락해 볼까 하는 기분이 드는 것이다. 전화를 받는 쪽도 통화 시간을 절약할 수 있고, 무엇보다 전화로 연락가능한 시간이 한정되어 있는 작은 회사에게는 알맞는 연락방법이다.

신청이 아니라 '자료청구'라 하는 이유는, 꼼꼼히 설명해서 계약을 하지 않으면 안 되기 때문이다. 우선은 자료를 보이고, 그 다음 단계에서 상품을 선전하는 것이 현명한 방법이다. 이렇게 하면 '살 생각은 없는' 사람에게 시간을 뺏기는 일도 없다.

이처럼 타겟을 좁혀서 내용에 대해서만 이리저리 궁리하면 광고는 아직도 굉장히 효율적인 수단이다. 우선은 비용효과가 큰 매체를 검토하는 것부터 시작하자. 저가의 광고를 몇 개 내보고 효과가 가장 큰 곳에 치중해 가면 효율은 올라간다.

아무쪼록 "몇 번이고 내지 않으면 안 됩니다"라는 광고 대행사의 말에 속지 않도록 하자. 한 번 해서 안 되면 두 번 해도 마찬가지인 것이다.

명확한 타겟을 대상으로 이득을 명시하는 광고를 만들어라

초보를 최강의 영업사원으로 바꿔라

영업 노하우를 매뉴얼화해라

어떤 사장에게서 다음과 같은 상담을 받은 적이 있다.

"영업 사원들 각각의 수준과 능력이 너무 틀립니다. 전체적으로 수준을 올리는 방법은 없습니까?"

이런 고민을 가진 사장은 의외로 많은 것 같다. 영업만이 아니라 사원의 능력이 제각각인 것은 경영자나 관리자의 끊이지 않는 고민 중 하나다. 사원의 수준을 전체적으로 올리는 방법이란 것이 있을까? 단 한 가지 방법이 있다. 그것은 '매뉴얼을 만드는 것'이다. 그런데, 불가사의하게도 영업부문에서 매뉴얼을 만들고 있는 회사는 거의 없다.

중소기업만이 아니라 대기업이라도 마찬가지다. 실제로 나는 10년 동안 샐러리맨을 했었지만 영업매뉴얼을 만든 적도, 본 기억도 없다. 굳이 말하자면, 전근이나 퇴직할 때 만든 '인계용 서류' 정도다. 반면, 이것에 비해 사무부서는 비교적 철저한 매뉴얼을 만들고 있다.

왜 영업에 매뉴얼이 없는 걸까? 이유는 간단하다. 영업사원은 '바쁜데 그런 서류 만들고 있을 시간이 어디 있나. 게다가 영업은 다른 업무와는 틀려서 매뉴얼 같은 건 만들 수가 없지'라고 생각하고 있기 때문이다.

영업부문 만큼 '장인기질' 이 필요한 부문은 없다. 그러니 사람에 따라 수준 차이가 나는 것이다. 나도 최근까지는 그렇게 생각하고 있었다. 그러나 그렇게 쉽게 단념해 버리면 상품이 잘 팔릴 수 있는 길도 사라진다.

매뉴얼화되지 않으면 분석도 불가능하다

예를 들어 '텔레마케팅'을 한다고 하자. 텔레마케팅을 하고 있는 사람이 하는 말의 내용을 들어보면 알게 되지만, 때에 따라서 얘기 내용이 미묘하게 변한다. 그러나 본인은 그런 사실에 거의 눈치채지 못한다. 같은 사람의 얘기가 변하는 것이므로, 다른 사람의 경우라면 더욱 달라지는 일도 자주 있다.

상담할 때 '이러이러한 식의 전개방식이면 계약을 성사시킬 수 있다' 라든가, '손님은 이런 점에 불만을 갖고 있다', 혹은 '그것을 되받아치려면 이런 설명이 유효하다' 등등의 정보가 공유되어 있지 않는 경우가 대다수다. 혼자서 장사를 하고 있는 자영업도 마찬가지다. 이 상품이 안팔리는 원인을 분석해 놓지 않아서 팔리지 않는다는 딜레마를 안고 있는 것이다.

내가 독립해서 장사를 시작했을 때 불가사의한 사실을 깨달았다. 그것은 같은 상품의 영업을 하고 있는데도, 얘기하는 것은 어제와 오늘이 다르다는 것이었다. 당연히 성과도 틀리지만 성패 여부의 차이를 만드는 포인트를 자신도 파악할 수 없다는 딜레마에 빠진 것이다. 그래서 '전화의 경우 이런 식으로 대화를 진행한다' 라든가, '다이렉트마케팅의 반응' 등을 정확히 기록해서 분석하게 되었다.

실제로 이런 자료를 만들어 보면, 지금까지의 영업이 자신의 감에만 의지를 해 왔기 때문에 얼마나 체계가 없고 시스템도 세워지지 않은 영업이었던가를 깨닫게 된다. 이미지만이 증폭되기 때문에 실제로는 그리 대단한 일을 하고 있지 않았음에도 불구하고 '그 때는 굉장했다' 하는 식으로 과거의 환상에 사로잡히는 것도 깨달았다.

구체적인 매뉴얼을 만드는 것은 간단하다. 해 나가야 하는 일의 순서대로 '이럴 때는 이렇게 한다' 라는 것을 문장으로 써내면 될 뿐이다. 그리고 그것을 영업부문에서 반드시 공유하자는 것이다. 그럼 "이 부분은 좀 이상한데요"하는 식으로 여러 가지 의견이 나오게 된다. 그럴 때는 서로 철저하게 얘기를 해서 보다 나은 것을 만들면 되는 것이다.

사장이나 영업의 프로도 이 매뉴얼 작성에 참가시키자. 영업회의도 "매뉴얼에 따른 프레젠테이션을 했지만 반응이 좋지 않았다. 여기는 이렇게 바꿀 필요가 있지 않을까?" 등의, 보다 발전적인 얘기로 진전시켜서 기술을 공유할 수 있도록 하자. 그러면 누군가가 퇴직하거나 전근을 가거나 해도 금방 후임자가 그 빈 자리를 채울 수 있을 것이다.

대리점에도 매뉴얼로 영업 노하우를 꼼꼼히 제시한다

대리점 모집의 경우도 마찬가지다. 대리점이나 프랜차이즈 사업본부는 상품을 공급하는 것만이 일이 아니다. 가장 중요한 것은 '영업 노하우'를 전하는 것이다. 이것을 정확히 제시해 주지 않으면 생각한 대로 움직여주지 않는다.

나도 경험한 적이 있다. 상품만 보내고 그냥 놔 두면 다음과 같은 전화가 걸려올 것이다.

"법인영업은 처음인데, 정장을 하고 가는 편이 좋겠습니까?"

이것은 농담이 아니라 실제로 있었던 얘기다. 그래서 "대기업 법인영업에 갈 때의 복장은 역시 정장이 좋습니다"라는 것까지, 아주 정중하게 알려주었다.

자신에게는 당연하게 여겨지는 일이라도 업계가 다르면 대처방식도 달라지는 경우가 없지 않다. 그러므로 가능한 한 꼼꼼히 적힌 매뉴얼이 필요해지는 것이다.

한줄 비법

구체적인 영업 매뉴얼을 만들어 관리하라.

마케팅을 패턴화해서 효율을 10배로 올려라

누구나 전화영업이 싫다

누구나 면식도 없는 회사에 전화를 건다는 것은 싫을 것이다.

그러나 법인을 상대로 한 영업의 경우, 특히 대기업이 타겟일 경우 우선 진화를 걸어서 담당자와 직접 부딪히는 일이 필요하다. 이것을 귀찮아 해서 '담당자 앞'이라는 안내서를 보내도 전혀 의미가 없다. 모두 쓰레기통에 직행하기 때문이다.

물론 이렇게 전화를 거는 작업은 대부분 '거절당하기' 때문에 아주 스트레스가 쌓이는 일이다. 입으로는 "신규영업을 꺼리지 않습니다"라고 말하는 사람이라도 본심은 그렇지 않을 것이다. 나 또한 진실을 얘기하자면, 면식도 없는 곳에 전화를 하거나 무작정 들어가서 영업을 하는 것을 아주 싫어한다.

그러나 그 외에는 팔 방법이 없는 상품도 있다. 그런 경우는 싫든 좋든 하지 않으면 먹고 살아갈 수가 없다.

그 때 고민해야 할 것은, '거절 당하는 확률을 어떻게 줄여 갈 수 있을까?' 이다.

영업할 때 가상 대화를 종이에 써 봐라

전화영업에서 갑자기 수화기를 들고 전화를 거는 것은 낙제다.

가장 먼저 해야 할 일은 '여보세요' 부터 시작하는 일련의 대화를 종이에 써 내는 것이다. 거기에서 말하기 어려운 표현이나 전달되기 어려운 표현은 없는지 등을 체크하거나, 어떻게 얘기하면 상대가 관심을 가져줄까를 생각하는 것이다.

전화의 경우, 전화부나 업계명부에 있는 전화번호는 대개 대표전화이기 때문에 담당자나 사장에게 직접 연결되는 일은 거의 없다. 그러므로 우선은 전화로 담당자에게 연결되는 것으로 일이 시작된다. 여기서 많은 사람이 "저는 물건을 팔려고 합니다."라는 전화를 해 버리기 일쑤다.

"○○ 주식회사 ××라고 합니다. 바쁘신 중에 죄송합니다만, 사장님 계십니까?"

이렇게 하면 상대는 금세 영업전화라는 것을 알아차리고 만다. 참고로 내 사무실에는 이런 전화가 걸려오면 "'외출 중이십니다' 하고 끊어라"라고 직원들에게 지시해 놓고 있다.

다른 회사도 이런 대응에 큰 차이가 없을 것이다. 게다가 최근엔 영업전화에 대한 경계심이 한층 강해지고 있어서 이런 식으로 백날 전화를 걸어도 책임자와는 연결이 안 된다.

그럼 어떻게 할 필요가 있을까? 다음과 같이 말하면 어떨지 생각해 보자.

"좀 여쭤보고 싶은 것이 있는데요, 귀사에서는 ○○ 관계 상품을 취급하고 계십니까?"

"네, 그렇습니다만……."

"그 영업담당자 좀 부탁드릴게요."

"잠시만 기다리세요."

이렇게 하면 담당 부서에 연결되는 확률이 단연 높아진다.

"아니오, 취급하고 있지 않습니다"라고 한다면 아무리 애써도 판매가 불가능하므로 "죄송합니다"하고 전화를 끊으면 되는 것이다. 이런 때는 괜히 버티기보다는 다음 타겟에 전화를 거는 편이 효율적이다.

갑자기 방문예약을 하지 마라

자, 그렇게 해서 타겟 회사의 담당자가 전화를 받았다면 이제는 어떻게 대화를 해야 할까?

여기서 상품설명을 줄줄이 하고 만날 약속까지 따 내려고 해서는 안 된다. 아무리 설명을 들어도, 마침 내일에라도 사려고 한 상품이 아닌 한 만나줄 리 없기 때문이다. 용건도 얘기하지 않고 "사장님을 한번 찾아 뵙고 싶은데요"라고 말하는 사람도 있다. 하지만 알지도 못하는 사람이 "찾아 뵙겠다"고 하는 것에 흔쾌히 승낙할 사람은 거의 없다.

첫 번째 전화에서 할 일은 방문예약을 승낙받는 것이 아니다. 타겟으로 한 회사 담당자의 부서와 이름과 연락처를 아는 것, 그리고 자신이 팔고자 하는 상품에 조금이라도 관심이 있는지 없는지를 확인하는 것이다. 따라서 이렇게 말하는 것이 좋다.

"저희 회사는 손님의 ○○ 를 해결하는 MM한 상품을 취급하고 있습니다. 귀사에서도 이 같은 상품에 관심이 있으시다면 카탈로그를 보내드리고 싶은데, 어느 분 앞으로 보내드리면 좋을까요?"

또는 이런 방법도 있다.

"○○ 에 관한 무료정보지를 발행하고 있습니다. 이것을 팩스로 보내드렸으면 하는데, 담당하시는 분 성함과 직통 팩스번호를 가르쳐주시지 않으시겠습니까?"

이렇게 해서 "우린 관심 없어요"라든가 "흥미 없습니다"라고 한다면, 무얼 해도 안되므로 더 이상 매달릴 필요가 없다. 그 외에도 유망한 회사는 얼마든지 있기 때문이다.

그러나 "바빠서 만나는 건 곤란하지만 우선 어떤 물건인지 한 번 보고 싶군요"라는 사람은 꽤 있을 것이다. 업종이나 영업상품에 따라서도 틀리지만, 이런 방법으로 20%에서 50%징도의 회사가 자료 '송부' 를 허락해 준다. 참고로, 이 때 '설명은 20초 이내에 끝낸다' 는 철칙을 기억하자. 설명 시간이 20초를 넘으면 전화가 끊길 확률이 갑자기 높아지기 때문이다.

이렇게 해서 어느 정도 관심을 갖고 있는 담당자, 즉 살 거라 예상되는 손님의 DB가 형성된다. 거기에 자료를 보내고 며칠 뒤 다시 전화를 해서, 영업방문 허가를 받은 후 찾아가는 것이 올바른 텔레마케팅 방법이다.

이것이 어느 정도 패턴화되면 굳이 정사원이 하지 않고 텔레마케팅 전문회사에 맡기거나, 전화로 방문허가를 따내는 직원을 고용하는 방법도 있다. 정사원이 하는 것보다도 현저히 비용이 줄어든다. 이것이 매뉴얼화의 최대 효과다.

텔레마케팅은 효율적으로 하면, 아주 큰 성과를 내는 일이 가능하다. 구성을 생각해서 성과를 내는 마케팅을 해 보자.

한줄 비법

영업 상황을 패턴화하여 텔레마케팅에 활용하는 것이 효율적이다.

필요 없는 물건도 사고 싶게 만들어라

느닷없이 설명을 시작하지 마라

영업방문 허락을 받게 되면 영업사원은 들뜬 기분으로 사무실을 나가게 마련이다. 힘들게 받아낸 약속이지만, 뭔가 이긴 듯한 기분도 든다. 그러나 정말로 중요한 것은 여기서부터이다. 방문해서 어떻게 영업을 하는가에 따라 계약성공률은 전혀 틀려지기 때문이다.

어떤 영업사원은 방문하자마자 곧장 카탈로그나 프레젠테이션용 자료들을 줄줄이 꺼내서 제품에 대해 설명한다. 그러나 이것은 실패의 시작이다.

카탈로그나 자료는 사전에 보냈기 때문에 새삼스럽게 처음부터 설명할 필요가 없다. 방문을 허락받았다는 것은 당신이 보낸 자료를 상대가 보고, 뭔가 흥미를 가졌다는 것이기 때문이다. 당신은 당신 회사의 상품에 대해 전혀 모르는 사람에게 상담을 간 것이 아니라는 뜻이다.

그러므로 갑자기 프레젠테이션용 자료를 펼쳐서 이러니 저러니 설명을 시작하는 것은 현명한 방법이 아니다. 그럼 무엇을 어떻게 해야 하는 것일까?

손님을 '잘 구별해 내는 것'이 영업

가장 처음에 할 일은 이 상품을 손님이 사용하면 어느 정도의 이득과 효과를 얻을 수 있는지를 조사하는 것이다.

어떤 상품이라도 그렇듯, 지금은 강매나 애원하는 식의 영업으로 물건이 팔리는 그런 시대가 아니다. 그런 것을 당하면 성가실 뿐이다. 거래를 오래 해 나가기 위해서는 서로에게 윈-윈 게임이 되는 관계를 구축해야 한다. 그것이 가능한지 어떤지를 구별하는 것이 영업사원의 일이기도 하다.

그러니, 우선은 상대에게 지금의 상황을 얘기하도록 하자.

예를 들어 내가 에너지 절약형기기의 판매영업을 갔을 때, 그 곳에서 맨 먼저 한 것은 구체적으로 어느 정도의 경비절감이 가능한가를 조사하는 것이었다. 다시 말하면, 현재의 상황을 파악하기 위해 "수도 요금은 월 얼마를 내고 계십니까?"라는 질문을 던지는 것으로 시작했다.

혹, 별다른 수확이 없을 것 같다는 판단이 들면 무리하게 상담을 진전시켜 봤자 나중에 클레임으로 연결되기 때문에 거기서 끝나는 것이 좋다.

그러나 그런 경우가 아니라면, 상황을 물으면서 "이 정도의 비용삭감효과가 있습니다만, 어떻게 하시겠습니까?"라며 상담을 진전시키도록 하자.

가격 얘기는 제일 마지막에

가격 얘기 같은 건 맨 마지막이다.

가끔, 만나자마자 "당신네는 이 물건을 얼마에 팝니까?"라며 묻는 사람도 있다. 이런 사람에게 물건을 파는 건 아주 어렵기 때문에 그 순간 영업 의욕이 없어지는 것이 사실이지만, 이런 경우는 "손님의 상황이 어떠한지를 듣고, 최적의 것을 제안하고 싶습니다. 손님께 이득이 되지 않는 물건을 권해 드리고 싶진 않기 때문입니다"라며 살짝 말을 돌려서, 상대가 상황을 얘기하게끔 하는 것에 주력하는 것이 좋다.

그렇게 자사상품 사용에 따라 얼마나 상대에게 이득이 되는지를 조사한 후, 상대에게 분명히 효과적인 상품이라는 확신이 들 때에만, "이것을 하시면 경비가 얼마얼마가 드는데, 어떻게 하시겠습니까?" 하고 제안하면 되는 것이다.

이렇게 해 가면 어딘가의 컴퓨터 매장처럼 '쌉니다! 싸요!'라고 외치는 일이 없어질 것이다. 아무리 단가가 싸도 상대가 매력을 느낄 만한 점이 없다면 그 상품은 안팔린다. 상대의 상황을 잘 파악하지 못한 상태라면 가격을 얘기하거나 상품을 설명해 봤자 팔릴 리가 없다는 것이다.

상대의 상황을 알아내서 그에 효과적인 플랜을 제시하고, 거기에 상대가 사고자 하는 기분이 되었을 때 가격제시나 상품특성을 설명해 가면 계약성립의 확률은 틀림없이 올라갈 것이다.

자신의 영업 상담을 들어본다

영업상담의 패턴은 오랜 동안 영업을 해 온 사람일수록 몸에 배어있는 것이라서 어느날 갑자기 바꾼다는 것은 어려우므로, 최고의 대화가 될 수 있도록 조금씩 고쳐나가자.

"어디서부터 시작해야 좋을지 모르겠다"라는 사람은, 지금 당장 전자제품점에 가서 IC 녹음기를 사자. 와이셔츠 포켓에 들어갈 만한 작은 녹음기인 데다가, 테이프가 아니라 IC칩으로 녹음하기 때문에 재생이나 제거가 간단하다. 만 엔에서 2만 엔 정도니까 그렇게 부담이 되진 않을 것이다. 그것으로 상담을 녹음해서 나중에 다시 들어보는 것이다.

나도 해 봤지만 다시 들을 땐 아주 부끄러워진다. 이렇게 객관적으로 들어보면 무얼 바꾸지 않으면 안 되는지, 어떻게 애기히면 되는지 서서히 알게 될 것이다.

한번 시험해 보길 바란다.

상대의 상황에 따른 효과적인 설명으로 영업상담 패턴을 만들어 나가라.

6장

어떻게 하면

도요타같은

회사를

만드는가

돈이 되는 비즈니스를 찾아라 | 내 돈으로 남의 선전을 하지 마라 | 영업도 브랜드화해라 | 당신의 인생을 상품으로 만들어라 | 가까운 곳에서 유망상품을 찾아라 | 아이디어 상품을 찾아라 | '자사브랜드' 를 만들어라

돈이 되는 비즈니스를 찾아라

실패하는 비즈니스, 성공하는 비즈니스

"도대체 이제부터는 어떤 비즈니스가 돈이 될까요?"

최근에 이런 상담을 자주 받는다. 나는 예언자나 점쟁이가 아니므로 이런 질문에 정답을 말해 줄 수는 없다. 하지만 성공하는 패턴, 실패하는 패턴에 관한 것이라면 상당한 확률로 구별할 수 있다고 자부한다.

대표적으로 실패하는 패턴은 '전혀 모르는 세계에 안이하게 뛰어드는' 경우다. 특히 정보통신이나 인터넷 비즈니스에 쉽게 뛰어들었다가는 실패하기가 쉽다. 물론 정보통신산업은 앞

으로 가장 급속히 성장해 갈 비즈니스 중 하나이긴 하지만, 초
보자에게 있어서 이 분야만큼 무서운 업계는 세상에 없을 것이
다. 정보통신업계는 변화의 스피드가 타업계와는 전혀 다르기
때문이다.

예를 들어 휴대전화의 경우를 생각해 보자. 1년 전 3만 엔이
었던 최신기종이 지금은 거의 공짜로 판매되고 있다. 최신상품
이 1년 만에 거의 공짜가 되어 버리는 업계는 달리 찾아보기 어
렵다. 게다가 가격이 내릴 뿐만 아니라 새로운 기술이 하나 나
오면 한순간에 업계지도가 바뀐다. 점유율이 떨어진다는 건 이
세상에서 사라져 간다는 것을 의미하므로 간단히 묵과할 일이
아니다. 그러니 타업종의 스피드에 푹 젖은 사람이 이런 업계
에 안이하게 뛰어들면 당연히 잘 될 리가 없는 것이다.

물론 타업종도 마찬가지다. 전혀 알지도 못하는 업계에 별
다른 긴장 없이 손을 대는 경우에는 그 업계 사람이라면 있을
수 없는 실패를 경험하기 쉽다. 당치도 않는 불량품을 팔게 된
다든지, 팔릴 리도 없는 상품을 팔겠다고 하는 식으로 실패하
는 경우가 많은 것이다.

고객 성향을 아는 분야에서 승부하자

그럼 성공하는 패턴이란 어떤 것일까? 간단하다. '실패' 하는 것과는 정반대의 패턴을 생각하면 된다.

말하자면 '내부사정을 알고 있는 분야'에 뛰어드는 것이다. 이것이 가장 확실한 방법이다. 이미 내부사정을 잘 알고 있는 업계라면, 초보자가 범하기 쉬운 실패에 빠질 위험성이 비교적 적어진다.

게다가, 지금까지 거래해 왔던 곳과 계속 연결될 수 있는 분야라면 두말할 필요도 없는 최고의 선택일 것이다. 또한 신규 개척에는 큰 어려움이 따르므로, 기존의 고객에게 그대로 팔 수 있다면 그것 역시 가장 좋은 상품이 된다.

그러나 반대로, 같은 상품이라도 타겟이 되는 대상이 전혀 다르면 영업은 아주 힘들어진다. 특히 법인영업만 해온 사람이 갑자기 소매업이라도 시작하면 큰 낭패를 보기 쉽다. 같은 영업이라도 법인을 상대하는 것과 소매를 하는 것은 방법 면에서 전혀 틀리기 때문이다.

내 경우를 예로 들자면, 나는 샐러리맨 시절에는 법인을 상대로 영업을 했었다. 때문에 내 영업능력의 효과를 선전할 순

있었어도 내가 직접 소매 쪽을 담당한 경험은 없었다. 그래서 지금까지 소매업을 하려고 생각한 적은 없다. 리스크가 너무 크기 때문이다.

이와 반대로, 취급하는 상품이 틀려도 팔 상대가 같은 사람이면 꽤 유리하다. 내 경우엔 법인영업을 했었을 때의 주 고객층이 중소기업 경영자들이었기 때문에, 그들을 상대하는 방법을 내 나름대로 파악하고 있었다. 그렇기에 내 비즈니스는 중소기업 경영자를 중심 상대로 해 나간다는 것이 가능했다.

비즈니스의 기본은 이처럼 내부사정을 잘 알고 있는 분야에서 승부하는 것이다.

당신이 '좋아하는 일'로 시작해라

한 가지 더, '자기가 좋아하는 일'을 하는 것이 제일 좋다는 것을 기억하자.

나는 언제나 약자 편에 서는 걸 좋아한다고 할까, 약자가 강자를 물리치는 것을 좋아해서 스포츠 중에서도 그런 시합을 보면 가슴이 두근거린다. 그래서 쉽게 풀리는 기업이 아니라 밑

바닥부터 시작해서 올라오는 회사나, 지금은 사라져버린 상품을 부활시키려 한다는 곳이라면 어떻게든 성공하길 바라는 마음이 든다. 그렇기 때문에 중소기업을 상대로 하는 컨설팅이나 현재의 구조를 바꾸고자 하는 환경비즈니스에 끌리곤 하는 것이다.

이렇듯 자신의 마음 속 깊은 곳에서부터 정열을 쏟게 하는 일, 열렬해질 수 있는 일을 하면 잘 될 수 있다. 반대로 왠지 재미가 없다는 기분에서 장사를 시작해서는 의욕이 나지 않으며, 금방 지겨워지고 마는 것이다.

단순히 먹고 살기 위한 비즈니스라면 결코 성공할 수 없다. 생활 수단으로서 비즈니스를 하면 적당히 하는 데 그친다. 소중한 당신의 삶을 투자하여 하는 비즈니스인데 기왕 하는 것이라면 즐겁게 하면서 성공까지 해야 하지 않겠는가! 항상 의욕이 끓어오르는 그런 비즈니스를 하고 싶지 않은가?

비법

자신이 알고 있는 분야에서, 자신이 좋아하는 일을 해야 성공한다.

내 돈으로 남의 선전을 하지 마라

영업사원과 지켜야 할 의리란 없다

길을 가다 보면 '대리점' 이라든지 '특약점' 이라 불리는 가게 앞에 취급업체의 큰 로고가 들어있는 간판이 걸려 있는 것을 자주 본다. 간판뿐만이 아니다. 상담을 할 때 영업사원이 내미는 자료를 보면 업체가 만든 카탈로그의 문의란에 판매회사의 사인이나 스티커가 붙여져 있곤 한다. 이러한 영업을 하고 있으면 한편에선 이런 일이 일어난다. 예를 들어 설명해 보자.

당신이 어느 유명업체 대리점의 영업사원이고, 우리 사무실에 신규 영업을 하러 들어왔다고 치자.

상품설명이나 가격을 듣고, 나는 "이거, 꽤 괜찮네. 우리도 슬슬 이런 걸 사용해야 할 것 같긴 해"하며 나도 모르게 중얼거리고 말았다. 당신은 그것을 듣고 '오, 이거 되겠는데' 하고 생각할 것이다. 대강 상담을 끝내고 나갈 때, 당신은 '다음에 올 땐 계약이 성립될지도 몰라' 라는 희망을 가지고 사무실 밖으로 나갈 것이다.

내가 '저 영업사원이 얘기하던 그거, 꽤 괜찮은데? 좋아, 진지하게 검토하자' 라고 생각했다고 하자. 그 다음에 내가 취할 행동은 무엇일까?

우선, 인터넷에서 그 상품을 찾는다. 그리고 어디에서 사면 가장 싸게 살 수 있는지를 알아내기 위해 몇 군데의 판매점에서 견적을 뽑아볼 것이다. 다음에, 타사의 유사상품을 찾는다. 이런 작업을 한 뒤 내게 가장 이득이 되는 곳, 다시 말해서 가장 싸게 팔고 있는 곳에서 구입하게 될 것이다.

이렇게까지 단언하는 건 심할지도 모르지만, 처음 만난 생판 모르는 영업사원한테서 사지 않으면 안 된다는 의리는 애초에 존재하지 않는다. 즉, 이 영업사원의 영업활동은 제조업체에는 득이 되지만 그가 소속된 대리점에게 있어서는 무엇 하나 득 되는 것이 없다.

'인간관계가 있으면 조금 비싸도 팔아 준다. 그러니 감동영업을 하자' 라는 영업방법이 쓰여져 있는 책도 있기는 있다. 그러나 '인간관계' 는 만능이 아니다. 같은 상품을 다른 곳에서 싸게 판다면, 누구라도 싼 상점의 물건을 사게 될 것이다.

'인간관계' 가 힘을 발휘하는 것은 이미 그것이 어느 정도 형성되어 있는 상태에서 '싸거나 같은 가격' 이니까 '어차피 산다면' 친한 사람에게서 사자고 결정할 때에나 가능하다. 다시 말하면, 느닷없이 팔러 들어온 영업사원과 갑자기 인간관계가 형성되어 물건을 사게 되는 것은 아니라는 것이다. 그러므로 특히 처음 영업을 간 곳에서 '다른 회사 로고가 들어간 카탈로그' 따위는 절대 꺼내선 안 된다.

이것은 영업에 국한된 얘기가 아니다. 가게의 경우도 마찬가지다. 가게의 전단지를 보았을 때나 전기제품의 전단지를 보았을 때, 여러 개를 보고 비교해서 같은 물건이면 싼 곳에서 사는 것이 일반적이다.

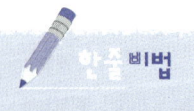

한줄비법

감동 영업은 처음 본 사람에게는 통하지 않는다.

그러니, 기왕 애써 막대한 노력과 경비를 들여서 팔 것이라면 '다른 곳에서는 팔지 않는 것', 다시 말하면 자사상품을 팔아야 한다는 것이다.

메이커 기업을 목표로 해라

'그런 게 있음 벌써 팔았지. 그런 것이 없으니까 고생하고 있는 것 아닌가!'

많은 사람들은 그렇게 생각할지도 모르겠다.

하지만 지금 현재 자사상품이 없는 경우라도 방법은 여러 가지가 있다. 맨 먼저 할 일은 다른 '대리점'이나 '판매점'을 감춤으로써 '메이커 기업'이라 불리는 회사를 목표로 하는 것이다. 우선은 거기서부터 시작하자.

메이커 기업이라고 하는 형태는 아주 유리한 사업 구조다. 한 마디로 말하자면 자사에서 기획한 것, 또는 자사브랜드에서 OEM 방식만을 취급하고 있는 회사를 말한다. 즉, 취급하는 상품은 전부 자사브랜드가 되는 것이다. 상장기업에서도 이런 방법을 취하고 있는 회사는 주가도 높고, 이윤을 남기고 있는 곳이 많다.

이런 식으로 하려면 어떻게 해야 될까?

예를 들어, 법인을 상대로 하는 영업을 하고 있는 회사들이 통상 사용하는 "자사는 ○○사의 ××을 취급하고 있습니다"라는 영업용 문구를 "자사는 ××를 기획, 개발하는 회사입니다. 제조는 협력공장에 위탁해 생산하고 있습니다"라는 방식으로 바꾸는 방법이 있다. 이렇게 해서, 어디까지나 '자사브랜드를 팔고 있다'라고 하는 연기를 하는 것이다. 대리로 물건을 판다는 것과 자신의 물건을 판다는 것은 고객에게 매우 다른 인상을 주기 때문이다.

하나 더, 가능한 한 자사의 오리지널 상품명을 사용하는 것이 좋다. 오리지널 상품명을 쓰는 것은 OEM 상품을 갖고 있다는 것과 같은 뜻이다. 같은 상품이라도 '대리점에서 파는 상품'과 '자사의 OEM 상품'이라 하는 것은 전혀 다른 인상을 준다.

그렇다면 OEM 상품을 가지려면 어떻게 해야 할까? 제조원과 교섭해서 상품명을 오리지널로 할 수 있도록 부탁해 보는 것도 한 가지 방법이다. 상대가 대기업이라면 거의 불가능하겠지만 "우리와 함께 자사브랜드를 키워 갑시다"라며 열의를 갖고 의뢰하면, "좋아요, 함께 해 봅시다"라고 할 동지는 같은 중소기업인들 중에서 반드시 나타나게 마련이다.

'거래처를 가로채이는 실수' 따위는 저지르지 마라

다음으로 해야 할 일은 판촉자료와 카탈로그를 만드는 것이다. 다른 업체가 만든 물건에 자사인이나 스티커를 붙여서 영업하는 것은 그만두자. 자료나 카탈로그는 어디까지나 자사에서 만들어야 한다.

단, 제조업체 연락처를 넣지 말아야 한다는 점에 주의하자. 어떻게든 구매자가 업체에 직접 연락을 취하지 못하게 하고, 인터넷에서 검색하지 못하도록 궁리를 할 필요가 있다. 예를 들어 상품명이 'OO 에이스'라면 'OO A'라고 하는 등 '다른 방법으론 찾을 수 없게' 하는 것이 중요하다. 그 정도로 주의에 주의를 거듭하지 않으면 중간유통업체 따위는 제쳐지기 쉽기 때문이다. 특히, 당신이 신규 주요거래처 개척을 위해 전면에 내세운 상품의 카탈로그가 그저 제조업제의 카탈로그에 자사인이 찍힌 정도의 것밖에 안 된다면 그것은 결국 제조업체와 거래처들만 좋은 일 시켜주는 것임을 명심할 필요가 있다.

브랜드화의 첫 발은 '구입처를 알 수 없게 한다', '메이커 업체를 목표로 한다'는 것이라는 점을 잊지 말고 주의하도록 하자.

영업도 브랜드화해라

회사 안내자료에 세일즈 포인트를 담아라

샐러리맨 시절, 나는 많은 철판이나 플라스틱 등의 가공업체들과 거래를 하고 있었다. 예를 들어 철판 가공업체라 하면, 철판을 지정치수로 가공하고 그것을 구부려서 구멍을 내고, 용접과 도장을 하는 회사였다. 이런 회사와 처음 상담할 때 제일 먼저 받는 것이 '회사안내'나 '영업안내' 책자였는데, 이것은 어느 회사나 거의 마찬가지였다.

표지를 넘겨보면 사장의 인사말이 있고 다음에는 회사개요, 즉 자본금이나 설립년월일, 주소 같은 기본적인 데이터에, 거래은행이나 주요거래처가 나열되어 있다. 그리고 다음 페이지를 넘기면 보유설비, 보유기술, 납입실적 등이 쓰여 있다. 채용공고용도 겸하고 있는 건지, 사택이나 사원들의 여행 사진이 실려 있는 회사 안내자료도 꽤 있었다. 철강 가공업뿐 아니라 주로 하청이나 위탁가공을 하는 회사들의 안내자료들은 대부분 이런 식이다. 그리고 영업사원은 그것을 가지고 영업을 나간다.

그러나 이런 회사 안내자료로 영업하고 있는 회사 가운데 이윤을 남기고 있는 곳은 그다지 눈에 띄지 않는다. 이런 회사들의 대부분은 하청기업인 데다가 '무엇을 하고 있는 회사인지 제 3자가 봐서는 전혀 알 수 없기' 때문이다.

회사 안내자료를 갖고 가는 이유는 상대에게 자신의 회사를 알리기 위해서다. 그러나 그 자료에 상대가 거래를 하고 싶게끔 하는, 이른바 세일즈 포인트가 히나도 실려 있지 않으면 그것은 안내자료로서의 의미가 없다.

생각해 보면 당연한 얘기다. 상대는 당신 회사의 사원이 몇 명이며 거래처 은행이 어딘지, 어떤 프레스기를 갖고 있는지 등에는 아무런 관심이 없다. 사실 나도 그렇다. 관심이 있는 것은 '이 회사는 우리 회사에 돈이 될 상품을 제공해 줄 수 있을 것인가?' 라는 것뿐이다. 보유설비 등은 그것을 증명할 하나의 도구에 지나지 않는다.

잡다한 사항들만 가득한 회사 안내자료를 지참한 영업사원은, 쓸데없이 처음부터 장황한 설명만 하게 될 뿐이다. 고객은 냉정하다. 쓸데없는 설명을 들어줄 정도로 친절하지도 않다. 이런 사실을 알고 잘 설명하려 해도 자신의 회사가 제공하는 상품이나 서비스의 명확한 형태가 잡혀 있지 않으면 설명할 방법이 없다.

결국 영업사원에게 필요한 것은 명확한 '세일즈 포인트' 로 고객의 관심을 잡아끌 수 있는 카탈로그임을 기억하자.

상품이나 서비스를 브랜드로 만들어라

이러한 상황에서 한시라도 빨리 벗어나기 위해 맨 먼저 해야 할 것은 '상품 또는 서비스의 형태를 만드는 것' 이다.

예를 들어 당신의 회사가 큰 전기업체의 하청으로, 플라스틱 제조품을 만들고 있는 회사라고 하자. 지금까지는 지정된 도면을 기초로 금형을 떠서 부품을 만들고, 그것을 상품 배달용 상자에 넣어서 납품을 하는 것이 일이었다. 영업담당자의 일은 주로 수량의논과 가격교섭이다. 상담이라 해도 하청으로서는 가공업이나 재료비의 원가계산을 기반으로 한 상담밖에 되지 않는다. 그러나 이렇게 해서는 아무리 노력해도 돈을 벌 수 없다.

우선은 팔릴 기미가 없을지라도, 작은 부품이라도 좋으니 일단 자사의 독자적 방법으로 상품을 만들어서 '그 상품에 이름을 붙이고, 카탈로그를 만드는 것'부터 시작해 보자. 기술력이 내세울 점이라면 그 '기술'에 독자적인 이름을 붙여서 카탈로그에 싣는 것도 좋을 것이다.

카탈로그에 싣는 상품이나 기술은 당신 회사의 독자 상품이며, 그것은 이제 하나의 브랜드가 된다. 이름을 붙여서 브랜드화하는 순간 그 기술은 자신만의 독특한 무엇이 되는 것이다. 남들과 다른 이름을 붙이는 순간 남들과 다른 기술이 탄생한다.

그리고 카탈로그 밑부분에 '특수품도 별도로 주문받습니다'라고 써 넣자. 똑같이 부품을 만들더라도 특별주문을 받는 것과 그냥 만들어 낸다는 것은 똑같이 주문받는 것처럼 보이지만 사실 전혀 다른 이미지를 심어준다. '특수한 기술'을 가지고 있는 것처럼 보이는 순간 그 회사는 다른 회사와는 다른 독특함을 가지게 되기 때문이다.

'하청업체'는 직접 일을 도급받는 업자와는 아무래도 상하 관계가 발생해 버리지만, '부품업체'라 하면 입장이 대등해진 다는 것이 다르다. 최종 상품을 만드는 조립업체보다도 오히려 부품업체 쪽이 고수익을 올리는 것이 최근의 경향이다.

처음엔 손끝 기술일지도 모르겠지만 점차 기술을 향상시키 면서 타사제품과의 차별화가 가능해지면, '시키는 대로'만 하 지 않아도 되는 것이다. '특별주문'을 받아가면서 틈새 분야에 서 점유나 기술력을 높여 가자. 자사브랜드로 이렇게 해 나가 면 상대가 당신을 보는 눈이 달라진다. 그리고 타사가 흉내낼 수 없는 기술을 확립시키면, 떳떳하게 '여유 부리며' 장사할 수 있게 되는 것이다.

아무리 특별한, 독특한 기술이 있어도 하청에 만족해 하고 있 으면 언제까지나 '일을 주는 업자에게 이용당하는' 인생을 보 낼 수밖에 없다. 거기에서 탈출하려면 우선, 당신이 만들고 있 는 상품에 '이름'을 붙여서 독자적인 브랜드로 만들어야 한다.

한줄비법

당신만의 기술과 상품을 찾아서, 그것으로 '당신만의' 브랜드를 만들라.

당신의 인생을 '상품'으로 만들어라

파는 것은 상품만이 아니다

오랫동안 비즈니스를 하고 있으면 여러 가지 노하우가 생긴다. 어떻게 해서든 팔아보고자 하는 동안 상품개선에서 영업 노하우까지, 실로 많은 노력과 시행착오를 반복하기 때문이다. 특히 오랜 기간 한 가지 일만 해 온 사람이라면, 문외한이 전혀 모르는 여러 가지 노하우나 지식이 머리 속에 입력되어 있을 것이 틀림없다.

그러나 그런 노하우를 이용해서 상품을 팔려고 노력을 해도 반드시 잘 되는 경우만 있는 건 아니다. 예를 들어 사양산업, 쇠퇴산업이라 불리는 업계에서 일을 하고 있으면, 어떤 수단을 써도 상품을 파는 것은 어렵다는 경우가 적지 않다.

그런 경우엔 어떻게 하면 좋을까?

실은 상품은 팔리지 않더라도, 그것을 '만드는 노하우' 나 '파는 노하우' 는 팔리는 경우가 꽤 있다.

쇠퇴산업에서 일약 유망산업으로

나는 일전에 '숯 굽기 강좌' 라고 하는 강좌에 다닌 적이 있다. 오사카의 어느 향촌보전단체가 주최한 것으로, 수강료를 받고 숯 굽는 법을 가르치는 곳이었다. 그 때 선생님은 원래 그 마을에서 농사와 숯을 구워서 생계를 꾸리고 있던 분이었다.

숯 굽기는 겨울 농가의 귀중한 현금 수입 수단이었다. 숯은 불과 30여 년 전만 해도 귀중한 연료였기 때문에 숯을 굽는 것이 그 때는 꽤 돈이 되는 일이었다고 한다. 그러나 최근에는 숯을 연료로 사용하는 일반가정은 거의 없다. 그렇다 보니 아무리 좋은 숯을 구워도, 그것을 팔아서 생계를 꾸려 나간다는 것은 아주 힘든 일이 되어버렸다. 키슈비장탄 같은 극히 일부의 산지를 제외하곤 숯 굽기는 점점 장사가 안 되는 것이다.

하지만 '숯 굽기 강좌'에는 실로 많은 사람이 모인다. 숯 굽기를 배우고 싶다는 사람들이 의외로 많이 있는 것이다. 내가 다니던 곳에서도, 멀리 교토나 미에에서 오사카 외곽의 산속까지 매주 다니는 사람이 몇 명이나 있었다. 그곳에서 숯 굽기를 가르치는 선생님은 순식간에 카리스마 있는 유명 강사가 되어 버렸다. "전통 기술은 굉장해"라는 팬들이 생겼기 때문이다. 쇠퇴해서 쓸모없는 산업에 종사한다는 이미지의 고리타분한 실패자는 대단한 전통기술을 가진 '스승님'의 이미지로 탈바꿈한 것이다.

산업도 마찬가지이다. 시각을 바꾸면 쇠퇴한 비즈니스를 유망한 것으로 바꿀 수 있다.

도요타와 싸워 이기기 위해 필요한 마음가짐

중요한 것은 회사나 자금의 규모가 아니다. 부정적인 면에 집착할수록 당신의 어깨는 움츠러들 것이다. 어깨를 펴고 긍정적인 점을 찾아라. 가치는 발견하는 자에게만 보인다. 당신에게는 당신만의 경험과, 그 속에서 쌓인 노하우가 있다. 돈을 주고 살 수 없는 것들이 성공의 씨앗이 된다는 것을 믿어라.

노하우도 매우 훌륭한 상품이 된다

자세히 조사해 보면 이 같은 지식이나 노하우를 비즈니스화하는 경우는 얼마든지 있다.

최근 프랜차이즈 비즈니스에서 붐이 일고 있는 것은 '탐정업'이다. 이 프랜차이즈의 본사는 자신들 스스로가 탐정업을 하는 것이 아니라, 탐정업을 하고 싶은 사람을 상대로 그 노하우를 전수하여 고수익을 올리고 있는 것이다.

청소 노하우 같은 것도 유행하는 비즈니스다. 자신이 청소업을 해도 고수입은 기대할 수 없다. 혼자서 할 수 있는 일이란 게 뻔하지 않은가? 그렇지만 특수한 청소 노하우가 있으면, 한순간에 전국적으로 프랜차이즈화하는 것이 가능하다. 실제로 비즈니스 잡지에서, 묘석이나 불단 등을 청소하는 비즈니스의 프랜차이즈 모집광고를 보는 일이 종종 있다.

그러니 예를 들어 도장이라든가 용접이라든가 하청업을 주로 해 온 사람이라면 자신의 노하우를 패키지화해서 프랜차이즈화할 수 없는지, 또는 그 노하우를 전수하는 강좌를 열 수 없는지 등 상품이 아닌 기술이나 지식, 노하우를 판매하는 방법을 생각해 보자. 실제 지식, 기술을 판매하는 것이 훨씬 고수익을 올리기도 한다.

특히 자본규모가 비약한 영세기업이나 샐러리맨에서 막 벗어난 사람은 큰 자금을 움직이는 일이 불가능하다. 그런 경우는 경비를 계산해도 이익률이 높은, 즉 자본금이 그다지 필요 없는 노하우나 지식을 파는 일을 생각해 보도록 하자. 그 업계에서야 당연한 지식이지만 한발 나아가 보니 '굉장한 기술'이 되더라는 것은 흔히 있는 이야기다.

당신도 당신이 갖고 있는 지식이나 노하우를 수익으로 연결시킬 수 있을 것이다. 우선 본인이 가지고 있는 훌륭한 기술이나 지식이 무엇인지를 생각해보자. 그리고 그것을 누구에게 어떤 식으로 만들어서 주어야 하는지 궁리해보자. 그것이 가장 손쉽게 높은 이익을 올릴 수 있는 방법 중 하나일 것이다.

비법

당신의 지식과 노하우도 고수익을 올리는 훌륭한 상품이 될 수 있다.

가까운 곳에서 유망상품을 찾아라

아이디어는 현장에서 찾아라

아무 것도 없는 상태에서 '팔리는 자사상품'을 만들고자 하는 것은 대단한 노력이 따른다. 대개의 회사는 갑자기 '자, 팔릴 만한 자사상품을 만들자'라고 마음 먹어도, 어디에서부터 손을 대야 할지 전혀 짐작도 가지 않을 것이다.

그러나 잘 생각해 보자. 제조업계 종사자라면 '자사상품을 갖지 않으면 안 된다'라는 이야기를 들은 경험이 한두 번은 있을 것이다. 실제로 한 마을의 공장 사장들이 모여서 상품개발을 했다는 이야기는 신문 등에서도 자주 보도되고 있다.

그러나 그렇게 해서 실험적으로 만들어 낸 물건의 대부분은 시장에 나오는 일이 거의 없다. 바꿔 말하면, 어느 회사나 사무실이나 공장의 한쪽 구석에 먼지를 뒤집어쓰고 방치되어 있는 물건이 한두 개쯤은 있다는 뜻이다. 자사에 신상품 아이디어가 없을 경우는 그런 물건을 찾는 일부터 시작할 것을 권하고 싶다. 다시 말해서, '시험적으로 만들었지만 상품화되지 못한 것'을 찾는 것이다.

제조현장은 여러 아이디어로 가득 차 있다. 거기에서 시작품이 만들어지곤 한다. 그런 것이 왜 상품화되지 않았을까, 또는 한 번 상품화했던 물건이 왜 팔리지 않았을까를 조사해 보도록 하자. 새롭게 조사해 보면, 여러 가지 원인이 나올 것이다.

안팔린 원인이 '상품으로서 당초 목표했던 성능이 나오지 않았다'는 것이나 '치명적인 결함이 있었다'는 상품이라면, 당연히 그대로 파는 것은 불가능하다. 혹 그것을 쓴 사람에게 어떤 위해를 가할 수 있는 물건이었다거나 한다면, 그것은 상품화를 논할 가치도 없다.

그러나 안팔리는 이유를 물어보면 상품이 그런 치명적인 결함을 가졌기 때문이라는 경우는 적고, 대개 다음과 같은 답이 되돌아온다.

"상품으론 괜찮지만, 우리가 갖고 있는 루트로는 팔 곳이 없는 걸요"라든가, "어떤 가게의 바이어를 소개받긴 했는데, 거기에서는 취급할 수 없다면서 거절해 버렸어요" 등의 이야기이다. 바로 이 단계에서 많은 회사는 포기해 버리는 것이다.

물론 아무리 훌륭한 획기적인 상품이라 해도, 막상 영업을 해보면 거절당하는 경우가 압도적으로 많다. 텔레마케터들은 몇백 건 전화를 해도 한두 건에서나 상품의 이야기를 할 수 있다. 지금까지 신규개척을 해 본 적이 없는 회사는 그런 경험이 없기 때문에 10건 정도 계속 거절당하면 거기서 포기해 버리고 마는 것이다.

다이렉트 마케팅도 마찬가지다. "안내서를 100통 뿌렸는데 1건도 반응이 없잖아. 이런 상품은 안팔려" 같은 얘기를 하는 사람을 만난 적이 있다. 그러나 베테랑 제작자가 만든 안내서를 뿌려도 100통에 반응이 1건조차 없는 것은 결코 드문 일이 아니다. 확률은 1,000건에 1건 정도인 것이다.

그러나 세상의 제조업에 종사하는 사람의 대부분은 그런 것을 모른다. 그래서 10건 정도 전화해서 거절당하면 '이건 안 되나 보다' 하고 쉽게 포기하니, 어쩌면 유망할 수도 있는 상품이 창고로 들어가게 되는 경우가 아주 많다.

그런 상품은, 팔리는 구조를 구축해서 판매촉진에만 힘쓰면 잘 팔리는 경우가 꽤 있다.

숨겨진 상품으로 인생을 역전시켜라

독립 후 내가 다룬 여러 가지 상품들 중 가장 히트한 것은 어느 에너지 절약형 기기였다. 이 상품은 타사상품보다도 심혈을 기울여서 만들어진 것이지만, 내기 취급하기 전에는 2년 정도 잠들어 있던 상품이었다. 이것을 취급하는 것으로 내 인생은 변했다. '거리의 한 브로커'에서 자사상품을 가진 '메이커 업체' 사장의 지위로 단숨에 올라선 것이다.

사실 나는 어디까지나 '총판매원'으로, 업체도 아무것도 아니다. 업체는 따로 있는데도 세상은 내가 '오리지널 상품'을 갖고 있는 업체라 인식하고 있는 것이다. 영업을 가도 벤처기업의 대우를 받는데, 당연히 그 전까지 받았던 '영세 브로커' 취급과는 확연히 다르다. 더구나 전국에서 거래를 하고 싶다는 제안이 쇄도했으니 그만큼 지위가 바뀐 것이다. 그러나 내가 한 것은 지금까지 잠들어 있던 상품을 찾아내서 그 카탈로그를 스스로 만든 것, 그것뿐이다.

이 같은 기회는 여러분에게도 얼마든지 있다. 항상 신경을 곤두세우고 있으면 '먼지를 덮어 쓰고 있는 보물상품' 은 얼마든지 찾을 수 있기 때문이다. 그것을 어떻게 파는가는 나중 일이다. 상품이 나빠서 안 팔리는 것이 아니라, 파는 법을 몰라서 안 팔린다. 그런 상품이 세상에는 놀랄 만큼 많이 잠들어 있다는 것을 명심하라.

한줄비법

창고에서 당신을 부자로 만들어줄 수 있는 상품들을 찾아라.

아이디어 상품을 찾아라

잠들어 있는 발명품은 얼마든지 있다

자사상품을 만들려 해도 획기적인 기술이나 아이디어가 갑자기 떠오르는 것은 아니다. 이렇게 아이디어가 없을 때는 새로운 기술이나 아이디어를 갖고 있는 사람을 찾는 것이 제일 빠른 방법이다. 그러나 그렇게 자신의 사정에 맞춰서 아이디어나 기술이 굴러다니는 것은 아니기 때문에 거의 대부분의 사람들이 애초부터 단념하고 찾으려는 노력을 안 한다.

일전에 발명협회 이사를 하고 있는 분과 얘기를 한 적이 있다. 그의 말에 따르면 "발명대회라는 이벤트를 열면, 전국에서 수백 건의 응모가 있다"고 한다. 그런데 여기서 큰 문제가 하나 발생한다. '애써 훌륭한 아이디어를 내놓아도, 상품화해서 세상에 내 주려는 회사를 찾는 게 여간 어려운 일이 아니다' 라는 것이다. 그러나 아이디어 자체가 훌륭한 발명품은 찾으면 얼마든지 있다. 또 대기업에 갖고 가 팔기 싫다는 발명가도 꽤 있는 것 같다. 왜냐하면, 발명가의 특허를 싼 가격으로 사들이는 악독한 기업이 적지 않게 있는 것 같기 때문이다.

그러나 세상에는 대등하게 얘기가 가능하고, 서로에게 이익이 되는 그런 파트너를 찾고 있는 사람 역시 많이 있다. 다만 세상의 중소기업의 대다수가 '새로운 아이디어를 이용해서 팔리는 자사상품을 만들자' 는 발상을 하지 않기 때문에, 파트너를 찾는 데 언제나 고생하고 있는 것이다.

숨겨진 아이디어 찾기는 의외로 간단하다

그럼, 그런 사람을 찾으려면 어떻게 하면 될까? 요즘과 같은 인터넷 세상에서 '특허' 를 찾는 것은 간단하다. 자신이 관심 있는 분야나 상품뿐 아니라, 그것이 상품화되었는지 아닌지도 어떤지도 인터넷으로 검색하면 즉시 알 수 있기 때문이다. 실제로 해 보면 실감할 수 있을 거라 생각하지만, 애써 특허를 따도 상품화되지 않는 발명품이 놀랄 만큼 많이 있다.

따라서 그 중에서 "바로 이거야!" 하는 것을 발견해서 특허 사용권 교섭을 하면 된다. 중소기업의 경우는 특허를 사 들이기보다도, 실적을 베이스로 해서 매출의 몇 퍼센트 정도를 지불하겠다는 식의 교섭을 하는 것이 현실적인 방법일 것이다. 단 '신용을 얻기 위한' 노력이 필요하다. 또한 기업과의 특허 사용권 교섭에 익숙해져 있거나, 자금 사정 때문에 힘들어 하고 있는 발명가들 중에는 법외 특허료나 매입요구를 하는 사람도 있으므로 주의가 필요하다.

일전에, 어떤 특허권 사용허가를 받기 위해 어느 회사에 교섭을 하러 간 적이 있다. 때마침 월말이었는데, 왠지 우중충하고 음침한 느낌이 나는 사무실 안쪽에는 눈매가 꼭 빚쟁이처럼 매서운 남자가 버티고 앉아 있었다. 거기서 교섭 중에 "내일 오전 중까지 2,000만 엔을 주시오" 하는 터무니 없는 말을 들었다. 물론 그런 사람이 많은 것은 아니지만, 이처럼 터무니없는 말을 하는 곳은 역시 교섭의 대상에서 제외시키는 것이 좋다.

단체에 가입해서 인맥을 형성해라

또한 발명협회나 발명학회 등의 단체에 가입해서 인맥을 형성하는 것도 좋은 방법이다. 이런 단체엔 연일 여러 종류의 발명가가 찾아온다. 그런 곳에서 인맥을 형성해 가면 대박의 행운을 가질 수 있는 가능성이 굉장히 높다.

내가 권하고 싶은 것은, 그런 사람들이 모이는 다른 업종의 교류회를 자신이 만들어 보라는 것이다. 지역이나 자신의 업계에서, 발명이나 새로운 아이디어를 내는 능력이 있는 사람들을 조직화한 뒤 인간관계를 만들면 대박의 기회가 다가올 것이다.

비즈니스 잡지만 봐도, 요즘은 재미있는 아이디어를 상품화한 것이 줄어들고 있다는 느낌을 받는다. 세상 어디에나 있을 듯한 것만 늘어놓고 있으니 안팔리는 것이다. 시대는 업계의 질서를 엎을 만한 신상품을 요구하고 있다. 멋진 파트너를 찾아서 훌륭한 상품을 만들어 판다 — 이 얼마나 꿈이 있는 얘기인가!

한줄비법

아이디어와 정보 교류를 위한 인맥을 구축하라.

'자사브랜드'를 만들어라

수입상품은 자사브랜드 만들기에 딱이다

자사브랜드를 만드는 간단한 방법의 하나로 수입품이 있다. 해외에 좋은 업체가 있고, 그 업체의 상품이 국내에 들어오지 않았다고 하자. 교섭을 해서 그 회사의 국내 총대리점 계약을 맺을 수 있으면, 어려움 없이 자사 오리지널 상품을 손에 넣을 수 있다. 더구나 '많은 이익을 남길 수 있는 고급품'이나 '국내에는 없는 상품'이 해외에는 얼마든지 있다. 국내 상품에 비해 많은 이윤을 남기기 쉬운 것이, 수입품의 특징 중 하나다.

단, 절대적으로 명심해 두지 않으면 안 되는 것이 있다. 그것은 '국산품보다도 비싸게 팔 수 있는 것을 취급하라'는 것이다. 싼 물건을 구입해서 팔고자 하는 그런 생각은 절대 하지 말자. 처음 시작하는, 규모가 작은 회사에서는 박리다매로 돈을 버는 것이 어렵기 때문이다.

국내에 없고, 국내의 것보다도 품질이 뛰어나고 디자인도 뛰어난 데다가 '국내 제품보다도 비싸게 팔 수 있는 물건'이라면, 당신의 비즈니스가 성공할 확률은 훨씬 높아진다.

인터넷을 활용해라

그런 상품은 어디에서 찾으면 좋을까? 제일 빠른 것이 인터넷이다. 컴퓨터의 키보드를 치는 것만으로 앉아서 세계의 정보를 손에 넣는 인터넷의 위력은, 해외에 주재원 사무실을 둘 수 없는 소규모 기업에게 있어서는 요술방망이와 같다. 이제 대기업에 의지할 필요가 없는 것이다.

단, 인터넷 정보만으로는 위험이 크기 때문에 종래의 방법도 병용할 필요는 있다. 예를 들어 무역진흥회 자료실에서는 세계 여러 가지 상품의 카탈로그나, 무역업자의 리스트 등을 열람할 수 있다. 특정국의 상품을 찾으려면 각국 대사관에 문의하거나 해외 무역기관의 국내사무실 같은 곳에 조회하면 꽤 친절하게 대답해 준다. 더구나 기본적으로는 무료로 자료를 주기도 하므로 잘만 하면 아주 큰 정보원으로 활용할 수 있는 것이다. 해외 거래를 해본 적이 없는 사람이 보면 아주 어렵게 생각되겠지만, 실제로는 의외로 간단하다.

해외상품을 자사브랜드로 활용하라.

2002년 말, 나는 한 신문기사를 감개무량한 기분으로 읽었다. 그것은 '한국 삼성그룹은 2003년 예상 영업실적을 발표, 그룹 전체의 매상 137조원, 세금공제 전 이익 15조 원에 달할 것으로 보인다' 라는 기사였다. 나는 삼성그룹의 일본 법인에 5년 정도 근무했었다. 겉과 속, 좋은 면과 나쁜 면 모두를 포함해서 많은 걸 알게 해 준 이 회사가 마침내 토요타 자동차를 이익면에서 제치고, 아시아에서 가장 수익을 많이 올리는 회사로 등장한 것이다.

이전에 삼성그룹의 역사에 대해 조사한 적이 있다. 삼성그룹은 한국이 일본의 식민지였던 1938년, 대구라는 지방도시에서 창업한 쌀집이 그 첫 출발이었다. 나는 그런 회사가 60여년 후 세계를 대표하는 기업그룹으로 성장한 과정을, 불황 속에서 어려워하는 우리나라 중소기업 경영자분들에게 전해주고 싶다고 생각했다. '지방의 한 쌀집이 아들 대에서 도요타를 능가하게 하려면 어떻게 하면 되는가?' 에 대해서 말이다. 태평양 전쟁 후에 생겨난 소니나 혼다 같은 일본을 대표하는 대기업도, 수십 년 전에는 작은 마을의 공장이었다. 즉, 아무리 지금은 작은 회사라 할지라도 노력하면 얼마든지 크게 될 수 있고, 돈을 더욱 벌 수 있다는 것이 내 생각이다.

그러나 그렇게 하기 위한 방법론에 대해서 서술한 서적은 지금까지 그다지 없었던 것 같다. 중소기업이 성장해 가기 위해 필요한 것, 그것은 '경영의 자립' 이다. 일본 경제가 좀처럼 나아질 기미가 안보이는 것은, 무엇보다도 '타인 의존형' 의 기업이 너무나 많아졌기 때문이다. '자립하는' 회사가 늘지 않으면, 앞으로 점점 힘들어질 것이다.

반대로, 이런 상황이기 때문에 '자립하는 기업' 에게 있어서는 아주 비즈니스를 하기 쉬운 세상이 될지도 모른다. 일본에는 옛날부터 '모난 돌이 정 맞는다' 라는 말이 있었지만, 앞으론 '모난 돌이 아니면 살아남을 수 없다' 가 현실이 될 것이다.

당신 회사가 업계의, 지역의 빛나는 '모난 돌' 이 되어서, 잇달아 새로운 것을 만들고 보여 주어, 당신의 주위를 이끌어 가 주기를 바란다.

돈, 기술, 인맥 없이
도요타와 싸워 이기는 전략

초판인쇄 | 2005년 5월 8일
초판발행 | 2005년 5월 17일

지은이 | 쿠리모토 타다시
옮긴이 | 김미경
펴낸이 | 심만수
펴낸곳 | (주)살림출판사
출판등록 | 1989년 11월 1일 제9-210호

주소 | 110-847 서울시 종로구 평창동 358-1
전화 | 02)379-4925~6
팩스 | 02)379-4724
e-mail | salleem@chollian.net
홈페이지 | http://www.sallimbooks.com

ⓒ (주)살림출판사, 2005
ISBN 89-522-0368-2 03320

값 11,000원